「精神科医の禅僧」が教える

心と身体の正しい休め方

川野泰周
精神科・心療内科医
臨済宗建長寺派
林香寺住職

Discover

はじめに

最近、疲れがなかなか取れない……

以前に比べて、集中力が続かない……

仕事も趣味も、なんとなくやる気がなくなってきている……

新しいことにチャレンジする気がわいてこない……

疲れているはずなのに、ぐっすり眠れない……

朝、起きたときからすでに疲れている……


みなさんは、このように感じていることはありませんか？

あるいは、「最近、ちょっと疲れているなぁ……」ということで、土日を家でゆっくりと過ごしたのに、疲れが取れた感じがまったくしない。

そして、また忙しい1週間が始まってしまう……。

そんな生活を送っているという方も、少なくないかもしれません。

最初に申し上げておきますと、土日にゴロゴロするという休み方では、なかなか疲れは取れません。

たとえば、機械が故障したときに、「どこが、どういう原因で故障したのかな？」と「壊れた部分」や「壊れ方」をいろいろ確認し、適切な修理をしようとするでしょう。でも、どんなふうに故障したのかを確認することもなく、ただ電池の交換をしたところで元通りに動いてくれることはありません。

なのに、自分の身体のこととなると、いろんな不調を感じていても、ただざっくりと「最近、疲れているな……」という言葉で片づけて、休日はゴロゴロしてしまっている——そんなことはありませんか？

土曜日にフルマラソンを走ったということなら、日曜日にマッサージをして、一日横になって休んでいれば、それなりに疲れは取れるでしょう。

その疲れの原因は、明白に「筋肉が疲労している」ことであり、その場合は「筋肉をほぐす」「身体を休ませる」という休息法が適切だからです。

では、みなさんが日々感じている疲れは、そういった方法で本当に解消されるものなのでしょうか？

実は、この**「どんなふうに疲れているか」と「それに適した休息法を実践しているか」という部分こそが、意外と見過ごされがちなポイント**だということを、冒頭に述べておきたいと思うのです。

疲れているのは、「身体」ではなく「脳」だった

自己紹介が遅くなりました。私は、禅僧でありながら精神科医でもある川野泰周と申します。

ちょっと変わった働き方だと自分でも思いますが、ふだんは横浜にある禅寺の住職として寺務を行いつつ、週2回か3回ほど、都内および横浜市内にあるクリニックで、

精神科医として診療にあたっています。

最近は、20、30代の方が診療に来られることが多くなったと実感しています。今でもよく覚えているのですが、以前、時間外労働だけでひと月200時間以上という普通では考えられないような過度の働き方を強いられて、うつになってしまったという女性の患者さんがいました。

印象的だったのが、彼女がぽつりと、「ゆっくり休める時間はなかったし、あったとしても、どう休んでいいか分からなかった」とおっしゃったことです。

彼女の言葉のように、**忙しい日々に追われているだけでなく、心と身体を休める方法を知らないために、疲れが取れることなくどんどんたまっていって、最終的に体調を崩してしまう**――残念なことに、そんな方がどんどん増えているのではないかと感じています。

実は、冒頭に出てきたような「集中力が続かない」「やる気が低下している」「夜、ぐっすり眠れない」などの兆候が出ている場合、身体が疲れているというよりも、心が疲れている可能性が高いと思われます。

私は禅僧でもあり、精神科医でもあるので、僧侶の立場から言えば、「心が疲れている」という表現がぴったりなのですが、医師としてもう少し科学的、医学的に表現するとすれば、それは**「脳が疲れている」状態**なのです。

毎日たくさんの仕事を抱え、忙しい日々を過ごしていると、もちろん身体も疲れますが、「心」や「脳」もだんだんと疲れてきます。

そこで脳を休めたいと思っても、残念ながら脳というのは、ゴロゴロ横になっていれば休まるというものではありません。

休日に家で休んでいるときに、「ああ、来週も忙しいなぁ……」「来週の会議の準備は大丈夫だったかな……」「プロジェクトが少し遅れているから、なんとかしなきゃいけないな……」と考えてしまうようなことはありませんか？

実は、そうやって、**脳が活動を続けてしまうかぎり、疲れが蓄積されていく**のです。

そんなふうに、「ゆるやかに脳を酷使し続けている」という状況にある人は、実はたくさんいます。もしかしたら、みなさんもそうかもしれません。

そのように、「ゆるやかに脳を酷使し続ける生活」を送っていれば、脳のエネルギーが徐々に枯渇し、その結果、集中力がなくなったり、やる気が低下してしまうおそれがあるのです。

それに、継続的に脳が活動していると、スイッチが上手にオフにならないので、「身体がものすごく疲れているのに、うまく眠れない」という症状も出てきます。つまり、それだけ睡眠の質が下がってくるのです。すると、必然的に「朝起きた瞬間から、もうすでに疲れている」ということが起こります。

これらはすべて、「自分がどのような疲れ方をしているのか」を理解せず、正しい休息法を実践できていないために起こってくる弊害と言っていいでしょう。

なぜ今、「マインドフルネス」が人気なのか？

近年、「マインドフルネス」が非常に注目され、話題になっています。マインドフルネスとは何かについては、本書でもたっぷり解説していきますが、実は**マインドフルネスは、「脳の疲れを取る」のに非常に適した方法でもあります。**

脳というのは、原則として「1つのことに集中している」という状態のときにはそれほど疲れません。疲れないどころか、リフレッシュされて、より元気になっていくことが分かっています。

よく、「夢中でゲームをやっていると時間を忘れる」とか、「スポーツの試合でゾーンに入っている」という話を聞くでしょう。このように、「1つのことに夢中になっている状態」のときには、脳はまったくと言ってよいほど疲れていないのです。もちろん、「長時間ゲームをやっている」「スポーツをやっている」ということで身体そのものは疲れていますが、脳はむしろ元気になっているのです。

逆に、**「いろんなことを考えながら作業をする」「考えごと、悩みごとが頭から離れない」という状態だと、脳は非常に疲弊してしまいます。**

これはつまり、

シングルタスクは脳が元気になり、マルチタスクは脳が疲弊する

ということなのです。

私たちの日常は、いろんなことを考えながら働いたり、生活したりしていますから、環境的にマルチタスクになりやすく、それだけ脳疲労が起こりやすい状況にあると言えます。

「LINEに既読がついたかな……」「Facebookの投稿にどれぐらい『いいね!』がついたかな……」と思いながら仕事や生活をするのも、マルチタスクということになります。

そうこうしながら、どんどん脳が疲れていってしまうのです。

だからこそ、**「今、ここにある、たった１つの作業に意識を集中させる」というマインドフルネスがより有効なのです。**

たとえば、呼吸に集中する「呼吸瞑想」もマインドフルネスですし、「食べる瞑想」「歩く瞑想」「坐禅を組む」も立派なマインドフルネス。アプローチはいろいろありま す。結局、何をやっているかといえば、**強制的にシングルタスクにすることで、脳を休め、リフレッシュさせている**のです。

以前、先輩の和尚さんが教えてくださった、ある有名な禅僧の言葉に、「身体が疲れたら寝ればいい、心が疲れたら坐禅をすればいい」というものがあります。それはつまり、マインドフルネスによって「心」(脳)を癒しているのです。

冒頭で、心が疲れているときに、いくら寝ても疲れは取れないと申し上げましたが、つまり、ゴロゴロしながらあれやこれやと考えてしまっていては、かえって脳と心の疲れはたまる一方だ、ということなのです。

「自分の疲れ」について、正しく知ることから始めよう

本書では、まず「疲れにはどんな種類があるのか」ということを序章でお伝えしていきます。「心と身体の正しい休め方」において、最も基本となるのは「自分は今、どんな疲れ方をしているのか」を正しく理解することだからです。

人間の身体のメカニズムについても簡単に理解しておく必要がありますし、私たちが生きる現代という社会が、私たちにどのようなストレスを与え、どんな疲労をもたらしているのかも知っておくとより理解が深まります。

まず、「自分の疲れ」を知る——そこからすべては始まるのです。

「実践編」では、心と身体を休める正しい方法を41種類、ご紹介していきます。パラパラと見ていただいて、「これならできそう！」と思われたものから、ぜひやってみ

てください。

身体そのものを休める方法もたくさんご紹介していきますが、現代人の多くが抱えている疲労、不調というのは、むしろ「脳疲労」に起因しています。

そこで本書でも、禅やマインドフルネスの考え方を取り入れた「心の休め方」「脳の休め方」について、より多くのページを割いてご紹介していきます。

もちろん、41種類のすべての方法を実践する必要はありません。

あなたには「あなたの疲れ方」がありますし、生活環境、仕事内容など、人それぞれ、置かれている状況は違います。そうすると当然、「適した休息法」も変わってきます。

だからこそ、41種類の方法から「あなたに適した休息法」とその組み合わせを見つけていただきたいのです。

日常の中で、「まったく疲れないように生活する」のは不可能です。しかし、**たとえ疲れたとしても、「自分を正しく休ませる方法」を知っていれば、それはとて**

も心強いものです。

もっと言えば、必要な肉体および精神の活動によって生じた疲れを速やかに解消させることのできる人は、「セルフマネジメント力」、つまり「自己管理能力」が高い人と言えます。

この**セルフマネジメント力を高めていくことによって、自分自身に対する信頼感が育まれ、より自信を持って生きていくことができるようになるでしょう。**

ぜひ、本書の中から、あなたに合った「心と身体を再生させる方法」が見つかることを、心から祈っております。

「精神科医の禅僧」が教える　心と身体の正しい休め方　もくじ

実践編

理論編

序章

「疲れの種類」によって、正しい「休み方」がある

疲れには3つの種類がある！

一言で「疲れ」といっても、実はいくつかの種類があります。

まず、大きく、「身体の疲れ」と「脳の疲れ」の2つに分かれます。


本書を読んでくださっている方のなかには、ふだんはデスクワークをしている方も多いでしょう。一日中パソコンに向かって仕事をしていると、もちろん目は疲れますが、かといってスポーツをしたときのように、身体が疲れているわけではありません。

こんなとき、疲れているのはむしろ脳の方です。

つまり、脳を正しく休ませてあげなければ、疲れは取れません。


休日に一日中ゴロゴロしていたのに、なんとなく疲れが取れない……という経験は誰にでもあると思いますが、「疲れの分類」から考えれば、もっともな話です。

疲れの3つの種類

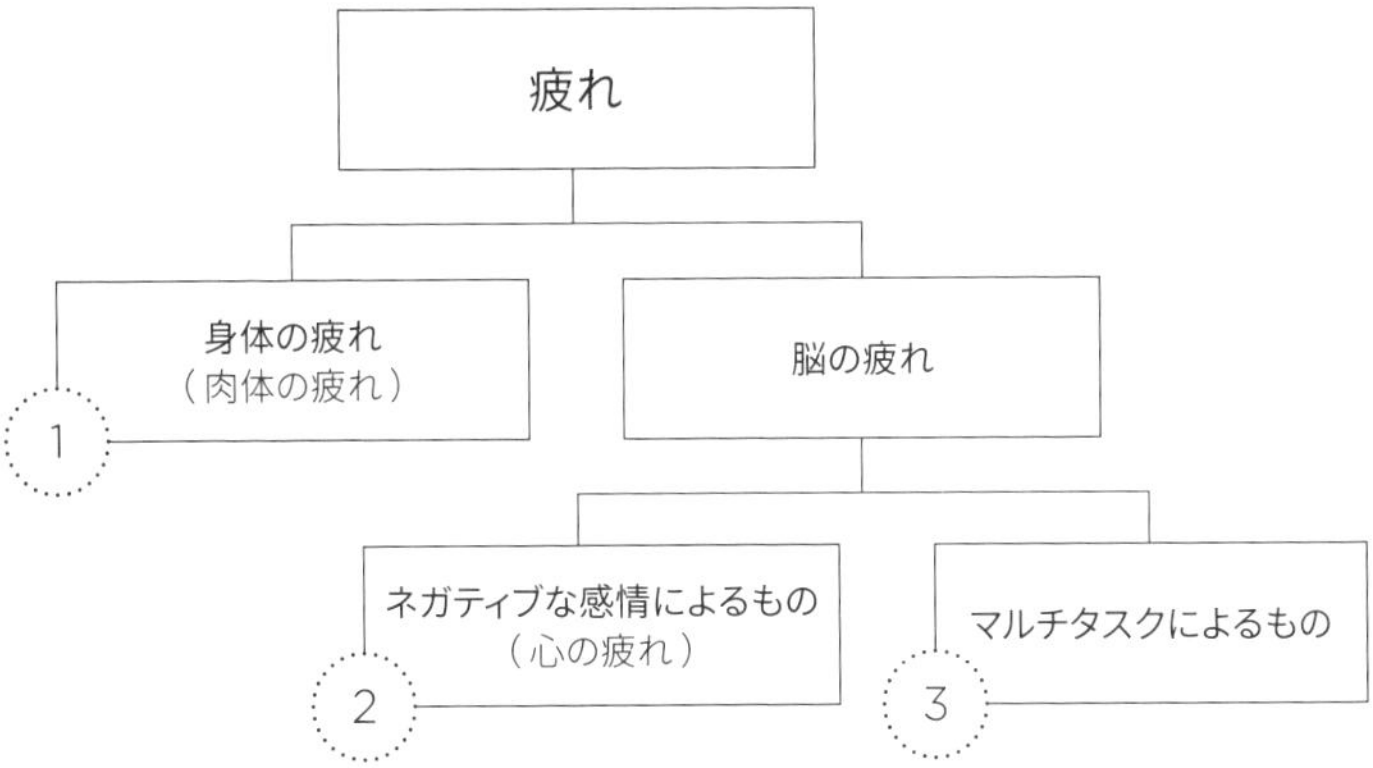

「身体の疲れ」と「脳の疲れ」は、根本的に違うものだからです。

ここで私が特にお伝えしたいのは、もう一歩先の話です。実は、「脳の疲れ」にも大きく分けると2つの種類があるのです。

その2つとは、**悩みやストレスなどのネガティブな感情によって引き起こされる「心の疲れ」**と、**いくつもの作業、思考を同時に行うことで脳に負担をかけている「マルチタスクによる疲れ」**です。

「ネガティブな感情」と「マルチタスク」によって、脳は疲労する

①の「身体の疲れ」は、比較的原因を特定しやすいでしょう。

②の「心の疲れ」というのは、たとえば、「家庭に問題があって悩んでいる」「職場での人間関係が大きなストレスになっている」という状況にあるために、そのことに意識が奪われ、つねにエネルギーを消耗しているというようなパターン。

まさに、心が疲労し、疲弊している状態です。

- **イライラして、落ち込む**
- **なんとなく意欲がわかない**
- **何をしても楽しくない**
- **集中力が持たない**
- **食欲がない**

・睡眠が浅くなる

今まさに、こうした感覚、兆候を自覚している方もいらっしゃるかもしれません。これらを漠然と「最近、なんだか疲れている……」という言葉でひと括りにしてしまっている方もおられるようですが、「疲れ」というものをもう少しきちんととらえるならば、これらは「心が疲れている」がゆえに起こっている可能性が高いと言えます。

本書では分かりやすく「心の疲れ」と表現しますが、医学的、科学的に言えば、これも脳が疲れている、いわゆる「脳疲労」の一種なのです。

③の「マルチタスクによる疲れ」は、脳が複数の事柄について同時に処理を強いられているために起こるものです。

たとえば、「ただ、人の話を聞いている」という状況と、「人の話を聞き、それに対応してパソコンで記録している」という作業を比較してみれば、当然、後者の方が脳への負担が大きく、疲れることが分かりますよね。

単純に言うと、これが「マルチタスクによる疲れ」（脳疲労）です。

本来、脳は、複数の事柄を同時に処理することで疲労するものなのです。これは、みなさんにぜひ覚えておいてほしい大事なポイントです。

ただし、「話を聞きながら、記録する」という例のように、マルチタスクになっていることが明白で、分かりやすいケースはまだいい方。ここで取り上げたいのは、もう少し微妙で繊細なケースです。

たとえば、今、あなたが集中してデータ入力の仕事をしているとします。

これだけなら一応、シングルタスクといえるのですが、ここに「今日中にこの仕事を終えなければいけない」という意識が入ってくると……？

そう、そのときあなたの脳の中では、「データ入力をする」という作業と、「今日中に終わらせないといけない」という意識（あるいは不安や焦り）が同時に起こっていることになります。

つまり、この場合も、マルチタスクが発生しているのです。

こうして考えてみると、**私たちの日常は、ほとんどが「無意識のマルチタスク」の連続**なのだということが分かります。

もっと言えば、**それだけ無意識に脳を疲労させている**のです。

「自分の疲れ」の原因を知れば、正しく手放すことができる

そもそも、みなさんはどんな疲れ方をしているのでしょうか。

最初にお話しした「疲れの種類」をもう一度見てみましょう。

この3つの分類を知るだけでも、自分の疲れというものを正しく認識し、気づくことができます。そして、それを正しく手放すことができるのです。

これは、仏教の教えであり、1つの真理でもある、「智恵」をたずさえるということにつながります。禅的な表現をするならば、「自己の本分を知る」ということです。

あなたの疲れの原因は？

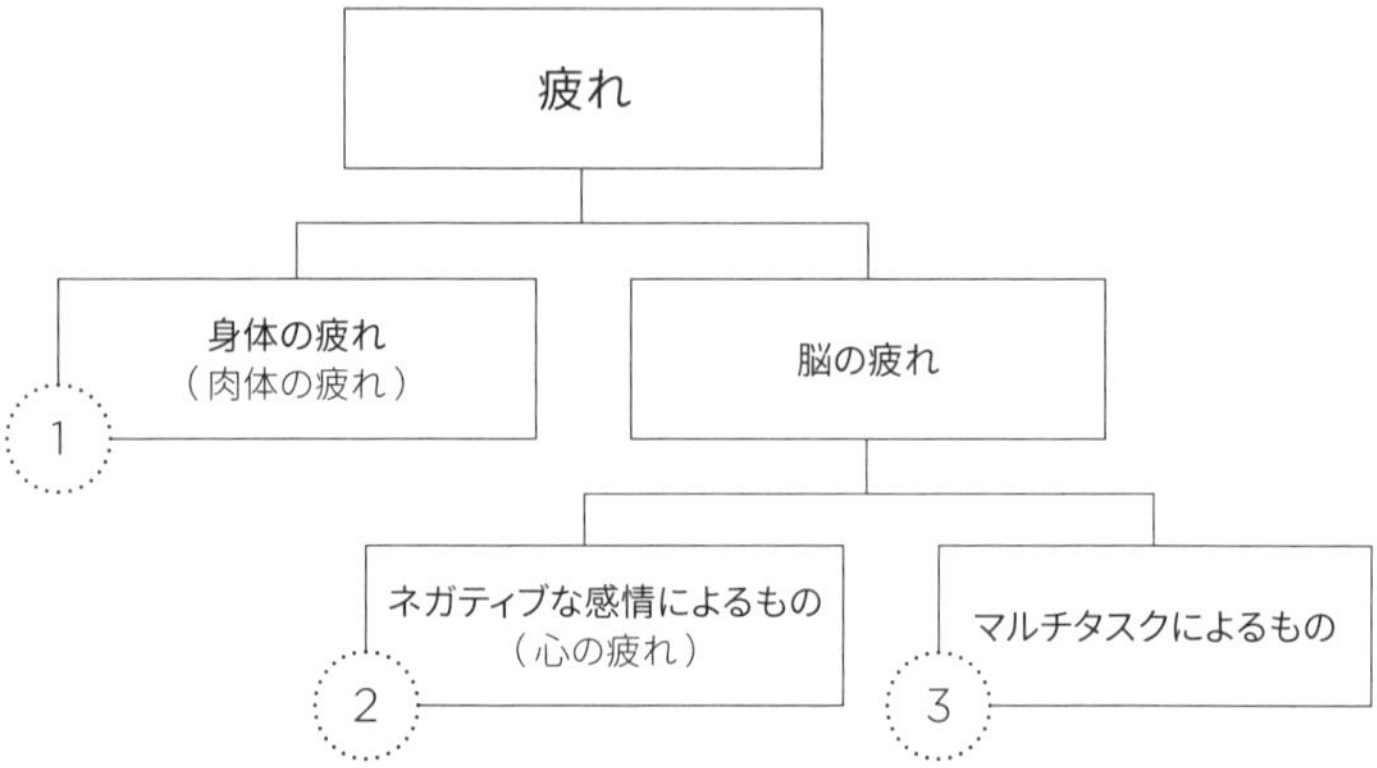

「疲れ」というものにまずは正しく気づき、正しい休息法によってその疲れを手放していく――これが本書でお伝えする基本的な考え方です。

もちろん現実には、「心の疲れ」と「マルチタスクによる疲れ」が同時に起こっているなど、複合的なケースもたくさんあります。

たとえば、「職場の人間関係に悩んでいる」という状態は、まぎれもなく「心の疲れ」を生んでいるものですが、そんな「ストレス要因を抱えながら仕事をしている」という時点で、すでに「マルチタスクの疲れ」も同時に起こっています。

つまり、現代に生きるということ自体が疲労の根源であり、疲れていない人などほとんどいないと言っても過言ではありません。誰もが疲労を抱えながらも、なんとか毎日のコンディションをやりくりしている状態なのです。

ところが、人によっては時として、その疲労が過度に蓄積して、集中力が極端に下がってしまったり、つねにモヤモヤした気分になったり、夜もよく眠れないなどの状態に陥ってしまいます。

これこそが、典型的な「脳疲労」が蓄積した状況なのです。

繰り返し申し上げますが、何よりもまず、あなた自身が「どんな疲れ方をしているのか」を知ること、気づくことです。すべてはそこから始まります。

理論編

原因1

現代人は脳が疲れている！「脳の疲れ」の正体とは？

現代人の多くが慢性的に抱えている「脳疲労」について、簡単にお話ししました。

激しいスポーツをしたり、フルマラソンを完走したりした後などは、もちろん身体が疲れているのですが、「心の疲れ」「マルチタスクによる疲れ」を抱えている（そして、その休息法が分からない……）という方の方が圧倒的に多いように感じます。

では、そもそも私たちの脳は、どんなとき、どのように疲れていくのでしょうか。

ここでは、そのメカニズムについてお話ししてみたいと思います。

脳が疲れる要因には、大きく分けて2つありましたね。

1つ目は、「つらいこと」「苦しいこと」「ストレスのかかる作業」をしているという要因です。要するに、**「ネガティブな感情による脳疲労」**です。

私たち人間の脳や体には、「疲労を促進する因子」と「疲労を防御する因子」があります。当然のことながら、どんなに脳を使っても「疲労を防御する因子」が活発に働けば基本的に疲れません。

そして、「楽しいこと」「興味のあること」をしているときには、さまざまな「疲労を防御する因子」が活性化することが科学的に証明されています。

代表例としては、不安を低減し、脳の疲労を防止するセロトニン、鎮痛効果や幸福感の増強効果を持つベータ・エンドルフィン、さらには脳細胞の成長や修復に寄与するＢＤＮＦ（脳由来神経栄養因子）などが挙げられます。

反対に、**「つらい」「苦しい」など負の感情を抱えているときは、「疲労を促進する因子」が活発になり、エネルギーロスが激しくなる**のです。

その因子の代表格として、２００８年に東京慈恵会医科大学の近藤一博教授が発表した「疲労因子」、またの名を「ＦＦ（Fatigue Factor）」が挙げられます。ストレスのかかる仕事を長時間続けることで活性酸素が生じると、細胞が酸化され、その細胞から疲労因子が分泌されることが分かったのです。

そして、その疲労因子は脳に疲労を感じさせるシグナルを発し、自覚的な疲れにつながります。

「つらく、苦しい作業」は脳が疲れやすく、「ポジティブなこと」をしていると脳は疲れない。

――この感覚は、経験的に理解できる方も多いのではないでしょうか。

実際、世の中には心から楽しめることを仕事にしている人が一定層いますが、そういった人たちを見ていると、驚くほど休むことなく、精力的に仕事をしています。肉体的に疲れることはあるのでしょうが、長時間集中して働いても脳が疲れることがほとんどないので、そんな働き方ができるのです。

一方、「この仕事は嫌だな……」「あの人とかかわるのは気を遣うし、ストレスがたまるんだよな……」というネガティブな思いを抱きながら仕事をしていると、わずかな時間でもすぐに疲れ果ててしまう――そんな経験を持つ人も多いはずです。

こんなふうに、ネガティブな感情によるエネルギーロスの多い生活を送っていることで、「なんとなく疲れが抜けない」「集中力が散漫になりがち」と感じている人も、実はとても多いのです。

「フロー」や「ゾーン」状態のとき、脳は疲れない

もう1つの要因は、前の項目でも述べた**「マルチタスク」**です。

やや専門的な話になりますが、脳には「デフォルト・モード・ネットワーク」（初期設定ネットワーク）という、いわば「アイドリング状態」をつくり出す機能があります。

「アイドリング」という表現が実にぴったりで、いつでも本格稼働できるよう準備している状態が続いているモードです。

反対に、完全にスイッチが入り、集中して脳を活用する場合には、「セントラル・

エグゼクティブ・ネットワーク」(中央実行ネットワーク)という機能が働きます。

よく、集中力が極限まで高まっている状態を「フロー」とか「ゾーン」と表現することがあります。これはシングルタスクに集中していて、セントラル・エグゼクティブ・ネットワークが高いレベルで働いている状態であると考えられます。

この場合、身体が疲れることはあっても、原則として脳はそれほど疲れません。特に自分が好きなことをしているときや、ポジティブな感情でゾーンやフローに入っている場合は、まったく精神的な疲れを感じないこともあるでしょう。

つまり、**脳を疲れさせない(あるいは、疲れた脳を復活させる)ためのコツの1つは、いかにしてマルチタスクをやめ、好奇心を持ってシングルタスクに取り組むか、ということなのです。**

現代人の脳は「アイドリング」を続けている

しかし、現代人の生活環境は、どうしてもマルチタスクになりやすく、デフォルト・モード・ネットワークが優位になりがちです。

その要因を1つ挙げるなら、やはり一番はインターネットの存在になるでしょう。

本書をお読みいただいている方のほとんどがスマホを持ち、つねにメールやLINE、その他SNSの情報をキャッチできる状態にあるはずです。

つまり、ほとんど無意識に「何か、メールが来ていないかな……」「Facebookに『いいね!』がついたかな……」「送ったLINEは既読になったかな……」と気にしながら生活しています。これはまさにマルチタスクです。

パソコンで仕事をしているときはもっと顕著で、メールの着信やSNSの反応がポップアップで画面に出てくる設定をしている人は、**その都度、注意資源が使われ、脳がエネルギーを消費しています。**

この「注意資源」とは、私たちが何かに注意を向ける資源のことをいいます。心理学的には、「いちどきに発動できる注意資源の総量は有限である」と考えられています。

たとえば、目の前の仕事に注意資源を使いながら、「LINEやメールが来ていないかな……」ということに注意資源を使い、さらには「今朝、部長に送った資料はOKだったかな……」とまたまた注意資源を使う。

そんなふうに、注意資源をあっちこっちに使っていたら、総量があっという間になくなってしまいます。**注意資源を数多くの対象に分散して消費している状態においては、それだけエネルギー消費が激しく、脳も疲弊しやすい**のです。

心理学的に見ても、脳科学的に考えても、現代人というのは「脳疲労が起こりやすい環境」を生きていることは間違いありません。

だからといって、技術の進歩を止めることはできませんし、自分を取り巻く環境のすべてを変えることはできません。しかし少なくとも、脳疲労を起こしているメカニズムとその原因を理解し、少しでも改善するアプローチをすることはできるのです。

脳の疲れが引き起こす症状はさまざま

「疲れの種類」について理解したところで、「疲れの出方」「症状としての表れ方」についてお話ししておきましょう。

疲れの症状の出方というのは、実にさまざまです。

たとえば、脳が疲れることで「身体が重い」「頭が痛い」「お腹の調子が悪い」など身体的な症状を訴える人もいますし、「なんとなく落ち込んできて、元気が出ない」「集中力が散漫になる」「つねにイライラする」などメンタル面に症状が出る人もいます。

脳疲労によって自律神経が乱れることはよくありますから、**自律神経が乱れてくると、身体のどこに異常が出てもおかしくありません。**下痢や便秘になる人もいますし、咳やじんましん、トイレが近くなる頻尿の症状を訴える人もいます。

表面上、生じているのはいわゆる身体の不調なので、「身体が疲れているために起こっている」とつい短絡的に考えてしまいがちですが、くわしく話を聞いていくと、脳疲労（心の疲れ、マルチタスク）が原因で自律神経が乱れているというケースもよくあります。

身体が疲れているから身体に症状が出て、脳（心）が疲れているからメンタルに症状が出る、というような単純な組み合わせではないのです。

このことを、どうかここで理解しておいていただきたいと思います。なぜなら、脳疲労が原因であると知らずに、原因不明の身体の不調で苦しんでおられる方を、これまでに私は何百人も診てきたからです。

身体の不調が発症しているとき、身体を休めることはもちろん大切です。

しかし、疲れの原因がまったく別のところにあるために、もっと違う休み方が必要なケースが多いのも事実なのです。

多くの現代人に見られる「失感情症」とは？

現代人に増えている症状の1つに、「失感情症」（「失感情傾向」「アレキシサイミア」ともいう）というものがあります。

これは、読んで字のごとく、「感情が失われてしまう」という症状です。

もう少し正確に言うなら、**「自分の感情に気がつけない」**という状態。心の中に、「つらい」「苦しい」「悲しい」「腹立たしい」などの感情が生まれていても、それをありのままに認識することができない——それが「失感情症」です。

大切な人が亡くなったとき、喪主を務めている人があたかも悲しみを感じていないかのように、テキパキとお通夜や葬儀の準備をしている場面を目にしたことがありませんか？

あるいは、近しい人の死に直面したのに、「涙が出ない……」「リアルな悲しみを感じられない……」という話もよく聞きます。
これらのケースでは、「心の中で起こっているはずの感情」に自分自身が気づけていない場合も考えられます。**注意資源を自分の内側に向けられていない**と言い換えてもいいでしょう。

本当はとても悲しいのに、お通夜や葬儀の準備に追われることで、注意資源のほとんどを外側に向け、自分の内側に向けることができなくなってしまう。その結果として、自分の内側に生まれた感情に気がつくことができないというわけです。

大切な人を亡くすという、あまりにも悲しい体験であるがゆえに、目の前のやるべきことに注力して悲しみから心の目をそらすことで、自らの心のバランスを維持する反応ととらえることもできます。その観点からすれば、こうした心の防御機能は、確かに精神の健康を保つために大切なものです。

ただ、私は精神科医であると同時に僧侶でもあるのでとても強く思うのですが、大切な人、自分に近しい人が亡くなったときというのは、やはりしっかりと喪に服す期間が必要です。

喪に服すということは、単に儀式的な意味合いを持つだけでなく、大切な人、愛する人の死という事実をありのままに受容し、再び明日からの人生に向けて歩き出すために必須の時間でもあるからです。

そのことができなくなっている最大の要因は、現代日本人の忙しさにあります。

葬儀の準備やその後の手続き、いろんな人へのごあいさつなどに追われ、忙しい日々を過ごしたあと、すぐに仕事や日常生活に戻ってしまうと、自分の内側に注意を向ける余裕がまったくないまま時間を過ごしてしまいます。

自分では平気なつもりでいても、その奥底で生まれた感情そのものが消滅するわけではありません。実際、何年も経ってから、「心にぽっかり穴が空いてしまった……」「何もやる気がしなくなってしまった……」という激しい喪失感に襲われるケースも珍しくないのです。

だからこそ、必要な期間、喪に服す。

しっかりと自分の内側に注意を向けて、心の中に生じている「悲しみ」や「無念さ」を感じ、受け止める時間が必要なのです。

このように、**人間は一定量の注意資源を使って自分の内側に目を向けてあげないと、自分の感情に気づくことができなくなってしまう**のです。

「ネットサーフィン」ではなく、

「ネットドリフティング」をしていませんか？

それと似たようなことが、現代人の日常で頻繁に起こっています。

すでにお話ししたとおり、私たちの周りにはメール、ＬＩＮＥ、ＳＮＳなどの情報があふれ、私たちの意識や都合などおかまいなく勝手にアクセスしてきます。

そんな環境に身を置いていると、どうしても自分の外側に注意を向け続けることになります。そうやって**注意資源を外側に使い過ぎて、自分の内側に注意を向ける**

ことができなくなってしまう。

結果として、「失感情症」になっていくという構造です。

最近は、ネットニュースを見ていても、それに関連するニュースの見出しが次々と表示され、それに導かれるままにどんどんニュースをはしごしてしまう人も多いでしょう。

いわゆる「ネットサーフィン」ですが、私はこれを「ネットドリフティング」と呼んでいます。「サーフィン」は「波乗り」、すなわち波の力を利用しながらも、自ら意志を持ってそれに「乗る」という主体的な行為ですが、「ドリフティング」は「漂流」。自分の意志とは関係なく、ただひたすら「ネット」という海を漂流しているイメージです。

これもまた、外側の情報に無意識のうちに注意資源がどんどん使われ、自分の内側への意識が欠落していく要因の1つです。

こうした環境要因によって、現代人の多くが失感情傾向にあるのです。

楽しかったはずのものが、
楽しく感じられなくなる「無快楽症」(アンヘドニア)

現代人によく見られる症状に、もう1つ「無快楽症」(アンヘドニア)というものもあります。

端的に言えば、「何をしても楽しくなくなってしまう」「楽しくないから、何の意欲もわかなくなる」という状態です。

「ヘド」というのは、「楽しい」という意味のラテン語で、それに否定語の「アン」がついて「アンヘドニア」。「快楽の消失」ともいわれています。

たとえば、釣りが趣味で、休みの日は毎日釣りに行っていたような人に、「最近、釣りに行っていますか?」と聞くと、「いやぁ、最近は忙しくて……」という返事が返ってきたとします。

忙しいのは事実だとしても、かつてなら、ちょっとでも時間ができたらすぐに釣りに行っていたのに、「なんだか、めんどくさいな……」「今日は家でゆっくりしてればいいか……」とつい思ってしまう。

――これは、「無快楽症」の小さな兆候の1つです。

同じようなことは、ほかの場面でも見られます。

たとえば、食べることが大好きで、新しいレストランや居酒屋を探し、日々食べ歩いていたのに、「最近は、あんまり食べ歩きしなくなったなぁ……」というケースもあるでしょう。

以前なら、「今日はあのお店で、美味しいお寿司を食べて帰ろう」「ランチは、絶対にあそこの親子丼！」と楽しんでいたのが、だんだん「今日は、ちょっと面倒だな」「ランチはコンビニ弁当でいいか……」となってきてしまう。

こうした反応が続くなら、「無快楽症」の兆候といえるでしょう。

うつ病を患っている人の多くに、「どんなことにも楽しみを感じられなくなる」といういわゆる「無快楽症」の症状が見られるものですが、そこまではっきりしていないとしても、心の疲れ（脳疲労）によって快楽が失われている傾向にある方は、潜在的にはとても多いのです。

ほかにも、

- **以前は、仕事帰りにときどき映画を観ていたのに、最近はそんな気になれない。**
- **かつては、同僚とよく飲みに行っていたのに、今はそれが面倒に感じる。**
- **休みの日にショッピングに行くのが楽しかったのに、ここのところ行く気にもならない。**
- **大好きなゲームをしていても、以前ほど楽しくない。**

――思い当たる人もいるのではないでしょうか。

なんとなく気力がなく、意欲が失われているので、「身体が疲れているんだ」と思ってしまいがちですが、実は疲れているのは「心」「脳」の方なのです。

「無快楽症」の場合、恐ろしいことに、食欲、物欲（たとえば購買欲求）、性欲などあらゆる欲が失われていきますので、お腹が空いていても「食べたい」という気持ちになれませんし、「彼（彼女）に会いたい」という感情もわかず、新しい車やアクセサリー、洋服が欲しいという気持ちも出てこなくなる――ひどい場合には、そんな状態に陥ってしまうのです。

程度が重篤な場合には、もちろん、精神科医、心療内科医などの専門家に相談することが大切ですが、**軽度の場合、何よりも必要なのは「脳の疲れ」を回復させるための正しい休息**ということになります。

考えられないようなケアレスミスをしてしまう……

快楽の消失（アンヘドニア）以外にも、「脳疲労」が原因で、「仕事へのやる気が起こらない」「集中力が低下して、ケアレスミスを連発してしまう」などの症状が出ている方もけっこういらっしゃいます。

みなさんの周りにも、「Aさん、最近ケアレスミスが多いよね」「Aさんらしくないな……」と感じる場面があるのではないでしょうか。

たとえば、数日前にお願いした仕事をすっかり忘れてしまっていたり、取引先との打ち合わせで必要な書類をうっかり会社に忘れてしまう。データチェックをお願いしたら、その人の仕事ぶりからすると考えられないようなチェック漏れが起こる、などです。

これらは一様に集中力が低下して起こるミスですが、「脳疲労」が原因となっていることも十分に考えられます。

脳の疲れによってエネルギーが枯渇していて、注意資源をしっかり仕事に向けられていない。それでいて食欲もなく、睡眠も十分に取れていないために、悪循環に陥っている——実際には、そんなケースも多いのです。

そんなときには、どのような休み方をすればいいのか。

「実践編」では、そんな正しい休息法をたっぷりとお伝えしていきます。

理論編
原因2

レジリエンス、自己肯定感が下がっている

「心の疲れ」の原因の1つとして、現代人の多くは**「レジリエンス」が下がっているる**ということが挙げられます。

最近、よく耳にするようになった「レジリエンス」。これは、**「心の抵抗力」**を示す言葉ですから、それだけ現代人の抵抗力が下がってきて、すぐに心が折れてしまうということの表れでもあるでしょう。

「レジリエンスが低い」というのは、それだけ**「自己肯定感が低い」**と言い換えることもできます。考えてみれば、「自己肯定感」というのも、近年、頻繁に使われるようになった言葉の1つではないでしょうか。

では、なぜ現代人はレジリエンスや自己肯定感が下がってしまっているのか？

ここからは、そんな背景からお話ししてみたいと思います。

戦後の高度成長期において、日本人の多くは「社会が豊かになる」「日本が復活する」ということを目指してがんばってきました。

ちなみに、私が尊敬する（ご存命中にお目にかかることは叶いませんでしたが）心理学者の大先輩・小此木啓吾先生は、ご著書の中で「トランスパーソナル」という言葉を使われています。

「パーソナル」とは「個人的」という意味で、「トランス」には「超える」という意味合いがありますから、私的な欲求ではなく、もっと大きな「社会的な欲求を満たしていく」という意味を指す言葉です。

戦後の日本人の多くには、この「トランスパーソナル」な目標や使命感があって、「日本」という「社会全体」が豊かになっていくという思いを抱いて働いていました。

高度成長期は、そのプロセスのなかで、自らの貢献感、達成感、ひいては自己愛を満たすことができた時代だったのです。

いま自分ががんばれば、社会全体が豊かになる。ひいては自分自身の生活も豊かになる、という構造です。

しかし、そんな高度経済成長期も70年代に終わり、平成の時代になると、バブル崩壊、リーマンショックなどが起こってきます。

その頃になると、いくら会社のために尽くしても、社会がより豊かになるわけではなく、逆に自分の立場や収入、生活そのものが脅かされることも出てきました。

トランスパーソナルな自己愛を育もうにも、かつては想像もしなかったような大企業の倒産、リストラなどが、自分に身近な問題として迫ってくるわけです。

そんな社会で生きていると、トランスパーソナルなどとは言っていられなくなり、「自分の身を守ること」でせいいっぱいになってきますし、自分ががんばることで「社会が豊かになる」「それに貢献している」という実感も失われていきます。

そうなると、**欲求の対象がより個人的（パーソナル）な方へと向かっていくようになり、かつてのような達成感、貢献感が得られにくくなる**――こうして、おのずと自己愛も満たされにくい世の中になっていったのです。

なぜ、「自分はダメな人間」と思ってしまうのか

自らの自己愛が満たされなくなってくると、その思いは自分の子どもへと向いていいきます。

たとえば、「団塊ジュニア」「ポスト団塊ジュニア」と呼ばれる今の30代、40代くらいの人たちは、熾烈な受験戦争や厳しい就活戦線を生き抜いてきた世代です。子どもの頃から、「いい大学へ行き、いい会社へ就職するのが一番」という思いを親から押しつけられて生きてきたという人がとても多い世代なのです。

しかしその過程で、親の期待に応えるほどの成績を出せないと、「親を喜ばせることができないなんて、私はダメな人間だ……」という思いを持つようになります。

これこそ、健全な自己愛の成長を妨げ、歪んだ自己愛を肥大させていく典型的なパターンです。

あるいは、幸運にも学校の成績が優秀で、いい高校、いい大学へと進学できた人でも、今度は「就活」という、まったく違う厳しいフィールドに飛び込んでいかなければならなくなります。

就活の厳しさは社会情勢によっても変わりますが、就活の時期に初めて挫折を経験する人は今も昔も大勢います。

この就活の現場では、「学生生活」や「受験」というこれまで体験してきたルールや習慣、価値観とはまったく異なるフィールドで「自分」という存在が厳しく試されるからです。

ちなみに、今の就活では次のような素養が特に求められるといわれています。

①コミュニケーション力
②独創性
③自立心

どんな時代もコミュニケーション力は必要ですが、特に現代では、コミュニケーションが少しでも苦手な人はすぐに「コミュ障」と言われ、まるで自閉症などの発達障害であるかのようにレッテルを貼られてしまいます。

②の「独創性」というのは、人と違う発想を持ち、人と違うことができる能力のこと。しかし、ほとんどの人はこれまでの学生生活で、そんなことはいっさい教えられず、先生の言うことをしっかり覚え、理解して、試験をパスするというモデルで成長してきました。

そんな人たちが、いきなり「人と違うことをしろ！」「オリジナリティを発揮しろ！」と言われても、途方に暮れてしまうのは当然です。

最後の「自立心」についても、現代は一人っ子が多く、何かにつけて親や祖父母が世話を焼いてくれる時代です。学校という社会でも、原則、「横並びの精神」で、みんなと同じ生き方をするように教えられ、そうしている限り手厚く保護される環境で生きてきました。

そんな環境で育ってきた子どもたちに、いきなり「自立心を見せろ」と言っても無理に決まっています。

なのに、就活ではそんな素養が求められて、それを持っていなければ、何度もボディブローのように「NO!」を突きつけられる。

そうやって、多くの人が「ああ、自分はダメだ……」「価値のない人間だ……」という思いにさいなまれ、自己肯定感の揺らぎにつながっていくのです。

これもまた、レジリエンスが下がっている時代的背景だと言えます。

つまり、

- **受験戦争の中で、親の期待に応えられず、「もっと認めてほしい」という願望が満たされなかったことから、歪んだ自己愛を肥大させてしまった人たち**
- **就活の中で、「自分は必要とされない人間だ」と自己愛を傷つけられ、自己肯定感をなくしてしまった人たち**

現代社会にはそんな人たちがたくさんいて、結果としてレジリエンスが下がってしまっているのです。

「ポジティブ志向」「ワクワク至上主義」の裏の精神的クライシス

そんな背景もあって、いま世の中では「レジリエンスを高めることが大事」「自己肯定感を高めよう」ということが盛んに言われるようになっています。「ポジティブに生きよう！」「ワクワクする人生を送ろう！」という類いのメッセージがあふれ、それに同調する人たちも大勢います。

もちろん、レジリエンス、自己肯定感を高めることは大切です。「ポジティブ」「ワクワク」もすばらしいことです。

ただ、**私が精神科医として見過ごすことができないのは、自分の中にあるネガティブな要素、マイナスの感情にただふたをして、表面的な「ポジティブ」や「ワクワク」を無理矢理に装うことの危険性**です。

SNSが浸透しだしたころから、「リア充」という言葉が使われるようになりました。自分のリアルな生活は「こんなに充実しているんだ!」「こんなにワクワクしてて楽しいんだ!」と、過度に発信する人も増えてきました。

心理学、精神医学の世界では、「マニック・ディフェンス」という言葉があります。マニックというのは「躁状態」のことで、ディフェンスは「防衛」です。

つまり、自分が躁状態のように振る舞って防衛することを、「マニック・ディフェンス」(躁的防衛)というのです。

いま世の中で見られる「リア充神話」というか、「ポジティブ志向」「ワクワク至上主義」のなかには、**「プチ・マニック・ディフェンス」**と呼んでもいいような、やや無理をして自分を昂揚させ、それを友人たちや世間に向かって、ことさらに発信する行為が見られます。

もちろん、時として自分を鼓舞し、意識的に高めることも決して悪くはありません。むしろ、必要なことでしょう。

しかし、「鼓舞していないと自分を保てない」という人も増えてきて、自分の内側にあるネガティブで、マイナスな要素、感情にはふたをして、とにかくポジティブに動き回っている人もよく見かけるようになりました。

まるで、泳ぎ続けなければ死んでしまうマグロのようです。

しかし、そんなふうに自分を保ち続けられるはずもなく、いつかは止まってしまいます。そのとき起こることは……。

ここでみなさんに理解してほしいのは、「止まってしまうこと」が悪いのではなく、「止まると自分を保てなくなること」の方が問題だということです。

ポジティブに生きるのはすばらしいことですが、**やはり自分の内側にもっと注意資源を向けて、自分の中で生まれた感情をていねいに感じ取り、受容することが大事です。**

そして、自分の中の感情を受容することで、それを手放すこともできるようになるでしょう。そのようなスタンスを自然に持てるようになれば、**「自分を慈しむ」**という、幸せに生きるために最も大切な心のありようを実現することにつながるのです。

理論編

解決策1

「マインドフルネス」を実践する

「脳の疲れ」に有効な手段の1つが**「マインドフルネス」**です。みなさんも、きっとマインドフルネスという言葉自体は聞いたことがあるでしょう。

しかし、「マインドフルネスって何ですか?」とあらためて問われると、なかなかうまく説明できなかったりするのではないでしょうか。

マインドフルネスは、そもそも仏教、つまりブッダの教えを前提としており、坐禅や瞑想、あるいはヨガとも密接につながっているので、その世界観や概念を正確に説明するのはたしかに難しいものです。

そういった難しい理屈はすべて排して、マインドフルネスをシンプルにとらえるならば、私は**「シングルタスクを習慣づけるための練習法」**だと考えています。

マインドフルネスによって、「シングルタスク」に集中する

これまで、マルチタスクが脳疲労を起こしているということについて、何度もお話ししてきました。私たちの日常はマルチタスクにあふれていて、ちょっとでも気にかかること、心配ごとがあると、たちまち脳内がマルチタスクの状態になってしまいます。

その結果、脳が疲労して「失感情症」や「無快楽症」になってしまったり、集中力の低下、睡眠不足につながったりしてしまうとお話ししてきました。

そんなマルチタスクが当たり前になってしまった**私たちの身体や脳をいったんリセットすべく、シングルタスクにする**——それこそが、マインドフルネスです。

よく、マインドフルネスについて説明する際に、「『今、ここ』を味わいつくす」という表現がされるでしょう。これをもう少しひも解くと、**「今ここにある、たった**

1つの現実に意識を集中させる」ということになります。まさに、マルチになっている要素を排して「シングルタスクにする」ということです。

本書では「実践編」で、さまざまなマインドフルネスの練習法（すなわち脳の休息法）をお伝えしますが、その根底にあるのはつねに「シングルタスクに意識を集中させる」ということです。

「フロー」や「ゾーン」状態にあるとき、脳は疲れないという話をすでにしましたが、基本的にシングルタスクにしっかりと集中できているとき、脳はほとんど疲れません。疲れないどころか、リフレッシュされ、エネルギーが充填されます。

このことは、脳科学的にも証明されています。マルチタスクを続けると、先述のデフォルト・モード・ネットワークが活性化された結果、脳内のエネルギーの6割から8割もが消費されてしまうという話は、脳科学を扱ったさまざまな本でも紹介されたため、ご存じの方もおられるのではないでしょうか。

そんな学術的な話を持ち出すまでもなく、坐禅やヨガをしたりすると、脳（気持ちや気分）がすっきりすると実感している方もいらっしゃるでしょう。

それは、坐禅やヨガに集中して取り組む、つまりシングルタスクにすることによって脳疲労が軽減され、再びエネルギーが充填されているからです。脳がリフレッシュされれば、当然、その後の集中力は増しますし、仕事の効率もアップします。

こうした「心地よさ」を知っているからこそ、シリコンバレーをはじめとする世界のトップたちは、好んでマインドフルネスを取り入れているのです。

こう考えてみれば、**マインドフルネスは実に理にかなった「脳の休息法」**といえるでしょう。

一流のビジネスパーソンは、シングルタスクを繰り返している

世界でも一流のビジネスパーソンやエンジニアたちは、多くのプロジェクトを同時に抱えていながら、疲労困憊になることもなく、精力的に世界を飛び回っています。

端から見れば、とんでもないマルチタスクを日々こなしているように見えます。しかしなぜ、彼ら、彼女らはそんなにも疲れることなく、脳を使い続けられるのでしょうか。

もちろん、楽しんで仕事をしているという側面も1つにはあります。しかし、むしろ重要なのは、彼らは一様に「切り替え」が上手だからです。

休息法（特に脳疲労における休息）において、この**「切り替え」**というのは非常に重要なキーワードです。

結論から言うと、どんなに多くのプロジェクトを抱えていても、彼らはそれらについて同時に考えているわけではありません。プロジェクトAのミーティングをしているときは、その内容に完璧に集中し、それが終わってプロジェクトBのミーティングが始まったら、頭をすっぱりと切り替える。

つまり、彼らは**シングルタスクを何度も繰り返しているだけで、その切り替えがとても上手**なのです。

その証拠に、一流のビジネスパーソンになるほど遊ぶときは思いっきり遊び、レストランで食事をするときは、その食事をめいっぱい楽しむ——まさに「今、ここを味わいつくす」ということが習慣的にできているのです。

これこそ、マインドフルネスです。

とはいえ、短時間で彼らのような「切り替え」をマスターすることはできません。それに、やはり普通の人間であれば、「あの件はどうなっているかな……」「この仕事は大丈夫かな……」とあれこれ気になってしまうのもしかたのないことです。人間関係にストレスを抱えていれば気になりますし、家庭の問題がつねに頭を離れないということだってあるでしょう。いえ、むしろその方が普通といえます。

しかしだからこそ、マルチタスクになってしまった頭を、意識的にシングルタスクにすることで正しく休め、リフレッシュすることが必要なのです。

そんな「シングルタスクを習慣づける練習法」こそが、マインドフルネスだと考えてください。

理論編

解決策２

自分を上手にコントロールして、自己肯定感を上げる

現代人の多くは、レジリエンスや自己肯定感が下がってしまっているということをお話ししました。

では、どうすればレジリエンスや自己肯定感が回復するのでしょうか。

その小さなアプローチとして、私がおすすめしたいのは**「自分を上手にコントロールする」**ということです。

「コントロールする」というと、なんだか大げさな感じがするかもしれませんが、それほど大層な話ではありません。

たとえば、「あの美術展を観に行きたいな……」と思っていて、次の休日に美術館を訪れることができたら、とても気分が良くなった、というようなことはありません

か？

自分が「やりたいな」と思っていた行動を取ることができる――それが、ここで言う「自分をコントロールする」ということです。これは、自己肯定感やレジリエンスを高めるうえで、ささやかですがとても大事な要素です。

「やりたかったことができた！」という喜びを感じよう

そもそも、私たち人間は、自分では抗えないものに従って生きていると、どんどん疲弊し、自己肯定感が下がっていきます。

職場でも、自分の意志や希望とは関係なく、会社や上司の言いなりで、言われたことを必死でやるだけの日々を送っていると、どんどん自分が嫌になったり、疲れ果ててしまったり、レジリエンスが下がってきたりするものです。

それくらい、「自分では抗えないものに従い続ける」というのは、人間にとってつらい環境なのです。

そうやって心（脳）が疲れていくと、さらに気力もなくなって、「美術館へ行きたい」と思っていても、「面倒だからいいや」という思考パターンに入っていってしまうのです。まさに、無快楽症になりそうな状態です。

そして、「自分を上手にコントロールできなかった」という事実によって、またさらに自己肯定感が下がっていく——そんな悪循環にはまっている人も少なくないのです。

たった1分の深呼吸でも、自分をコントロールできる

職場や学校など、自分を取り巻く環境を根本的に変えられる人はいいのですが、実際にはなかなか難しい人の方が多いでしょう。

そんな方にぜひ意識してもらいたいのは、**些細なことでもいいので「自分を上手**

にコントロールする」ということです。

たとえば、仕事でメールを返信するという行為でも、ただやらされている仕事をこなすのではなく、「10分のうちに、この2件の返信をしよう」という一種のゲーム感覚を持って、実際にそのタスクを終える。

それだって、十分に自分をコントロールできたことになります。

ほかにも、いろんな方法があります。

もしかしたら、みなさんにも気分が乗らないまま、ダラダラと続けている仕事があるかもしれません。そんなときは、まさに「流されている状態」「自分を上手にコントロールできていない状態」になっています。

そんなとき、**1分でいいのでしっかり深呼吸をして、気持ちをリフレッシュさせてみてください。**

そんな能動的な行動こそが、「自分を上手にコントロールする」ということなのです。

軽い無快楽症になりかけている人に、いきなり「休みの日には、行きたかった美術館へ行ってみてください」「ぜひ、自分がやりたかったジョギングやヨガをやってみてください」と言っても、そこまでの行動を起こすのは難しいと思われます。それをする気力まで失っている人もいるかもしれません。

そんな方にこそ、休日に一日中テレビを観たり、スマホでネットサーフィン（正しくはネットドリフティング）するのではなく、**「5分でいいから散歩をしてみよう」**とか、「実践編」で紹介する呼吸法を**「3分でいいからやってみよう」**という感じで実践してみてほしいのです。

そんな些細なことでも、「自分をコントロールできた」という感覚が自己肯定感やレジリエンスを高めてくれます。

――というわけで、ここまで「理論編」のお話をさせていただきました。

みなさんも、脳の疲れを取るには、

- **マインドフルネスを実践する**
- **自分を上手にコントロールして、自己肯定感を上げる**

のが大事だということがお分かりいただけたのではないかと思います。

このあとの「実践編」では、いよいよその具体的な方法についてお話ししていきます。

実践編

第1章 身体の一部分に意識を向ける

1

呼吸に集中する

具体的なやり方

やり方はとても簡単。**ふだんは無意識でやっている呼吸を、集中して、意識してやる**――それだけです。

イスに座っていても、座布団に座っていても、立っていてもいいので、頭のてっぺんから一本の糸で吊られているようなイメージで背筋を伸ばします。

そして、ゆっくり鼻から息を吸って、空気をいっぱい身体の中に取り込みます。その後、ゆっくりと鼻から吐く。それを何回か繰り返します。

そのあとは、**呼吸をコントロールすることを手放して、ただ鼻を出入りする空気の流れか、お腹のふくらみ、しぼみといった感覚に注意を向けて観察し続ける**のです。

たとえ、その呼吸が不規則だったり、うまくできないと感じたりしても、それを悪いとか良いとか、評価することはしません。

ただありのままに、自分の鼻を空気が通り抜ける感覚や、肺の中に空気が入って胸やお腹のあたりが膨らんだり、息を吐き出すことによって凹んだりする感覚をていねいに感じながら呼吸をするのがポイントです。

特に決まった時間はありません。1分でも、3分でもかまいません。

これが**「呼吸瞑想」**です。副交感神経が優位になり、リラックスすることができます。

「呼吸瞑想」のやり方

1　背筋を伸ばす

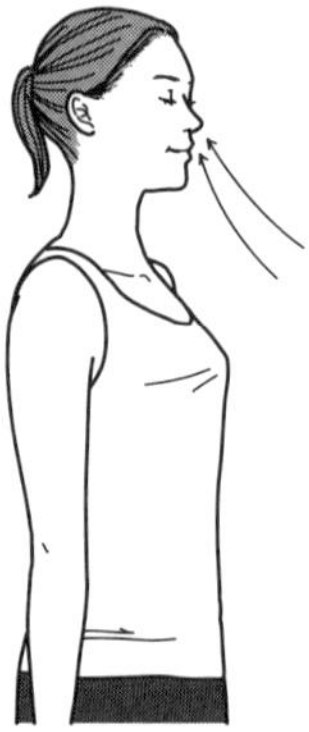

2　鼻からゆっくり息を吸う

3　肺に空気が入って、胸やお
腹が膨らむ感覚を感じる

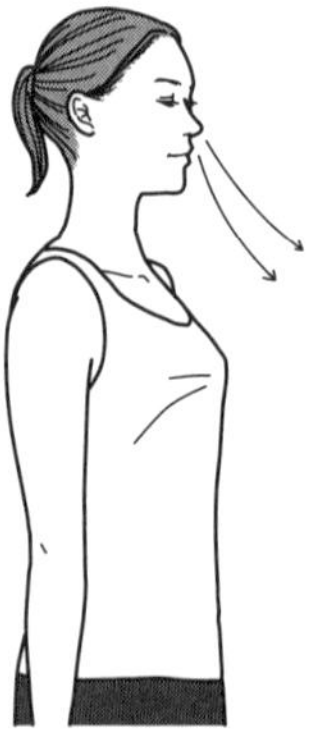

4　ゆっくりと鼻から吐く。
これを何回か繰り返す

こんな人におすすめ

「呼吸瞑想」のいいところは、いつでもどこでも、短時間でできることです。

ふだん、忙しくてまとまった時間がなかなか取れない人でも、仕事の合間に1分、電車に乗っている間など、どんなすき間時間でもできます。

一日中パソコンに向かっている人、同じ作業を根詰めて続けている人、何かを考えて内にこもりやすい人には特におすすめの休息法です。

脳というものは放っておくと、イメージを無限に広げてしまいますから、つい、あれこれといろんなことを考えてしまいます。

そんな脳をリセットするためにも、**呼吸瞑想では「呼吸」という「今、ここにたしかにあるもの」だけに意識を向けて、集中して行うことが大切**です。

もちろん、脳は豊かな想像力・発想力を携えた器官ですから、呼吸に集中しようとしても、すぐにそれ以外のいろんな考えが浮かんできます。

　ここで大切なのは、雑念が出たということ自体を決して責めないということ。むしろ、呼吸以外のことを考えているという、その事実に気づいた自分自身を心の中でほめてあげることです。

　そして再び、そっと注意を呼吸の観察に戻していただければ、それこそがしっかりと瞑想を実践できていることになります。

「呼吸だけを味わって過ごす」――そんなシングルタスクの練習です。

2

「火の呼吸」をする

前の項目では、リラックスして行う呼吸法の話をしました。

人間の身体には自律神経というものがあって、リラックスするときは副交感神経が優位になり、活動的になっているときには交感神経が優位になっています。

リラックスしてゆったり行う呼吸は副交感神経を優位にさせますが、ここではもう1つ、交感神経を働かせる呼吸法をご紹介します。

ヨガの世界には「火の呼吸」というものがあります。ただし、本格的にこれを実践するのはやや難しいので、ここでは簡易版「火の呼吸」を紹介したいと思います。

具体的なやり方

立っていても、座っていてもいいので、背筋を伸ばして「ハッ、ハッ、ハッ、ハッ」と短く数回、息を吐きます。

その際、腹式呼吸を意識しながら、**「ハッ、ハッ」と息を吐くタイミングでお腹が凹むことを体感しながらやるのがコツ。**

慣れないうちは、そんなに長くやる必要はないので、5回でも10回でも十分です。

「火の呼吸」のやり方

1　背筋を伸ばす

2　腹式呼吸を意識しながら、「ハッ、ハッ」と短く息を吐く

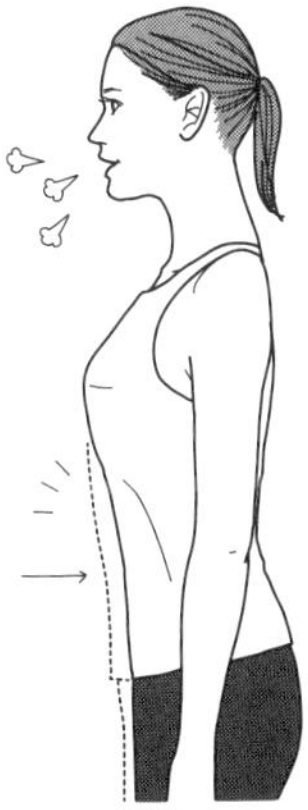

3　そのとき、お腹が凹むことを意識する

こんなときにおすすめ

みなさんはテレビの大相撲中継で、力士が立ち合い前の最後の塩まきの際、気合を入れて「ハッ!」とか、「フン!」といった声を発しているのをご覧になったことはありますか? 彼らがヨガの呼吸法を知っているかは分かりませんが、あれも立派な呼吸法の活用です。

この簡易版「火の呼吸」は、まさに立ち合い前の力士が行っているのと同様、**心と身体の活性化を目指した、いわば「やる気系の呼吸」**です。1でご紹介したのが、リラックスのための「休息系呼吸」だとしたら、対照的な呼吸法です。

この2種類の呼吸法を覚えておいて、必要に応じて使い分けることで、上手に自分のコンディションを整えることができます。

たとえば、「人前でプレゼンをする」「大事な相手と会う」「大きな交渉ごとが控えている」など、緊張を強いられる場面が誰にでもあるでしょう。

そんなとき、「休息系呼吸」をゆっくりとやることで気持ちがスーッと落ち着いてくる人は、それで問題ありません。

しかし、なかにはゆっくり呼吸をしようとしても、緊張がどんどん高まってきて、かえって不安でいっぱいになる人もいます。

ここで1つ覚えておいてほしいのは、**「緊張する」というのは決して悪いことではない**という点です。

これから大事な瞬間が訪れる——そう思えば、誰だって緊張するものです。身体は、その大事な瞬間に備えて準備をしているのです。それが緊張です。

だから、緊張はとても大事で、必要なことなのですが、過度に緊張し、不安になるのは避けたいところです。

そこで試してみてほしいのが、この簡易版「火の呼吸」です。

緊張しているとき、無理に鎮めようとすると、かえって緊張してしまうので、一度はしっかり力を入れてしまった方が身体のバランスが整い、むしろ落ち着いてくるものです。

自分の身体にスイッチを入れるつもりで、「ハッ、ハッ、ハッ、ハッ」と短く、強く息を吐く――そんなイメージで実践してみてください。

「休息系呼吸」に比べて「やる気系呼吸」は、**よけいなことをあれこれ考えず、呼吸に集中しやすい**というメリットもあります。5回、10回行うだけで、いわゆる「戦闘モード」になるような、気力が充実してくる感覚を味わえるはずです。

ただし、1点だけ注意点があります。

この呼吸法は、脳血管疾患、心筋梗塞、心筋症などを患っている人は避けてください。酸欠状態や循環器系への負担になる可能性がありますし、身体にかかる負荷も生じる可能性がありますので、くれぐれもご注意ください。

「いきみ」を伴うことから、妊娠中の方や食事を終えたばかりの時間帯は避けた方がよいでしょう。

3

身体の中の変化を言葉にする

今、自分は身体の中でどんな感じや感覚を覚えているのか。

それをていねいに感じ取り、頭の中で言葉にしてみる――ここで紹介するのは、そんな休息法です。

具体的なやり方

たとえば朝起きたときに、「今日はちょっと肩がこっているな」「腰が重たい感じがする」「口の中が乾いている」「少し胃がもたれている」など、身体の中で感じられる感覚があるでしょう。

その感覚をていねいにキャッチする。それはつまり、注意資源を自分の内側に向けるということです。

そして、**感じるだけでなく、頭の中で言語化することで、あらためてきちんと認識する。このひと手間も大切です。**


そもそも、人間の身体というのは朝起きてから、少しずつ動き出したり、出かける準備をしているうちに、筋肉がほぐれて肩や腰の重たい感じが和らいできたり、起きたときは「ちょっと頭痛がするな」と思っていても、自然に和らいでくることがよくあります。

そんな小さな「身体の中で起こっている変化」に意識を向けて、気づいてあげる――これも立派なマインドフルネスです。


このように、日常生活の中に、自然な形でマインドフルネスを取り入れることができます。

朝、水を飲んだら、冷たくすっきりとした感じが喉を通っていくでしょうし、コーヒーを飲むことで、頭脳がゆっくりと起動しはじめる感じがするかもしれません。

そんな感覚を大事にすることを、朝の習慣にしてみてください。

小説の描写のように言語化してみる

余談ですが、私は村上春樹さんの作品が大好きです。

彼の作品を読んでいると、食事を作ったり、コーヒーを淹れて飲んだりする描写がたくさん出てくるのですが、その描写が実にていねいで心地いいのです。

どんなふうにお湯を沸かしてパスタを茹でたのか。

シンプルなサンドイッチを作り、食べてみてどんな気分がしたのか。

朝、コーヒーを飲むことで、どんなふうに自分の心と身体が動き出したのか。

——そんなことがきわめて詳細に、魅力的な語り口で描かれています。

考えてみれば、この感覚こそマインドフルネスなのです。

食事だけでなく、家の外に出たときの日差しをどう感じるのか。冷たい風が頬に当たる感覚、手足の指先が冷えている感じなど、身体で感じ取っていることをていねいに観察し、まるで小説の描写のように、頭の中で言語化してみてください。

その行為自体が、自分を慈しむことにもつながっていきます。

4 「ボディスキャン瞑想」をする

「ボディスキャン瞑想」とは、**身体の中をMRIで撮るような感じで、それぞれの部位（頭、肩、胸、腰、足など）に意識を向けて、ていねいに観察していく瞑想**のことです。

もともとは、医療分野におけるマインドフルネスの火付け役とも言われたジョン・カバットジン氏が提唱したものですが、彼のプログラムをすべてやろうとすると45分かかります。「ボディスキャン瞑想」はその簡易版だと思ってください。

ちなみに、チャディー・メン・タン氏がグーグル社に導入したマインドフルネスプログラム「SIY」にも登場しています。

具体的なやり方

まず仰向けに寝て、心を整えるために30秒くらい「呼吸瞑想」をしてください。心と身体の準備をする段階です。

そして、**導入として「両方の足の指先」に意識を集中させて、「どんな感じがするか」を感じ取ってみてください。**「指先が冷たいな」でもいいですし、「なんかムズムズするなぁ」という感覚でもかまいません。

次に、その意識を「腰」のあたりまで持ってきて、同じように「どんな感じがするか」をていねいに観察します。「少し重い感じがする」とか、「やや凝り固まっている」などです。

同じように、次は「胸」に意識を持っていきます。ここでは心臓の鼓動を感じたり、胸が苦しくないか、あるいは呼吸によって肺に空気が入っていく感じなどをていねい

「ボディスキャン瞑想」のやり方

1　仰向けに寝て、30秒、呼吸瞑想をする

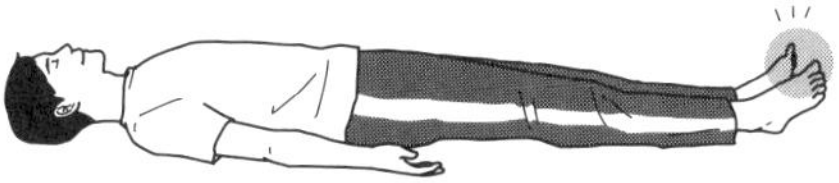

2　足の指先に意識を集中させて、感覚を感じ取る

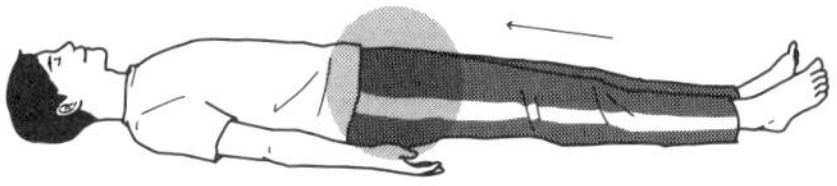

3　次に、腰のあたりに意識を移動させる

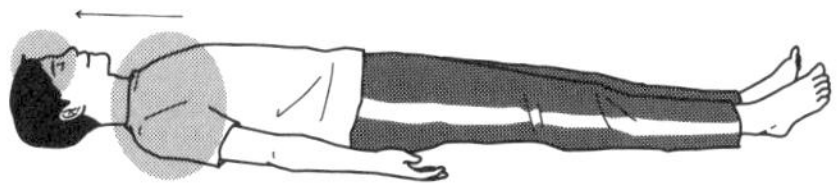

4　胸から肩、頭に意識を移動させていく

に受け取っていきます。

さらに「肩・首」も同様に観察して、最後に「頭」に意識を移動させます。「頭が重いな」「ちょっと痛いな」とか、「少し熱くなっている」などの感覚を感じ取ります。最後の仕上げに、再び30秒ほど、呼吸瞑想の時間を取りましょう。

これが「ボディスキャン瞑想」です。

あまり細かなやり方にこだわるのではなく、身体のそれぞれの部位に意識を向けて、各部位ごとに感じることをていねいに受け取っていく。それが一番大切です。

こんな人、こんな場面におすすめ

「ボディスキャン瞑想」は、**夜、寝る前に布団やベッドの上でやるのがおすすめ**

です。

この休息法を取り入れることで、身体をリラックスさせ、睡眠にスムーズに入っていけるようになります。

寝付きが悪い人、布団に入ってから「あれはどうかな……」「これは大丈夫かな?」といろいろ考えてしまう人などは、**「ボディスキャン瞑想」で身体の内側に注意資源を向けてシングルタスクにすることで、心身ともにゆったりとした気分になれます。**

「ボディスキャン瞑想」は、あらゆる人におすすめできる休息法ですが、対人業務を繰り返す仕事の人(カウンセラー、コーチ、クレーム処理などをしている電話オペレーター、会社の受付業務など)、いわゆる**「自分の外側」に注意資源をめいっぱい向けて日々仕事をされている方には特におすすめ**です。

ぜひ、一日の終わりに、たっぷりと自分の内側に意識を向けてあげてください。その習慣を持つだけで、身体はもちろん、心(脳)もしっかりと休めることができます。

白隠《はくいん》禅師が説いた「軟酥《なんそ》の法」

江戸中期に、「臨済宗中興の祖」と呼ばれた白隠禅師という僧侶がいました。白隠禅師は、ちょうど「ボディスキャン瞑想」とよく似た、「軟酥の法」というものを提唱しています。むしろこの瞑想法が、現代におけるボディスキャン瞑想の原型なのではないかとも思われます。

まず、頭の上にニワトリの卵くらいの大きさの玉が乗っているとイメージします。この玉は、とても心地の良い香りをしています。アロマオイルの香りでも、花の香りでも、ご自身にとって快く感じられる香りをイメージしてみましょう。

そして、その玉がバターのように溶けていって、身体全体を覆っていく様子を想像しながら、ていねいに身体の各部位を観察していくという方法です。

温かく溶け出したバターが身体の周りを覆い、疲れや凝り、張りを取り去ってくれると同時に、心の浄化もしてくれる。そして最後は、良い香りのする温かなその液体の上に、フワリと浮かんでいるイメージの中にたたずんでみる――それが「軟酥の法」です。

インド・スリランカが発祥で、5000年以上の歴史を持つ「アーユルヴェーダ」という伝統医学のなかには、実際にオイルを頭部（額の真ん中のあたり）に流して、心と身体を癒していく「シロダーラ」という手法があります。

もしかしたら、テレビCMや雑誌などで、額のあたりにオイルを流していく、この「シロダーラ」を見たことがある人もいるかもしれません。

この「シロダーラ」のように実際にオイルを流すわけではありませんが、液体が身体を伝っていくイメージによって、全身の感覚をていねいに感じ取っていくのが「軟酥の法」の基本的な考え方です。

「ボディスキャン瞑想」と共通する部分は非常に多いと言えるでしょう。

5 足裏の感覚に集中する

基本はとてもシンプル。**立っていたり、歩いたりしているときに、足裏の感覚に意識を集中させる**——ただ、それだけです。

「足裏瞑想」ということもあります。

具体的なやり方

より心地よい感覚、日常とは少し離れた感覚を味わうという意味では、海辺へ行って砂浜を裸足で歩いてみるとか、公園の芝生を裸足で歩いてみるというのもいいでしょう。

足の裏の、どの部分に体重がかかり、どんなふうに重心が移動していくのか。足の裏にどんな感覚（サラサラなのか、チクチクなのか）を覚えるかなど、ていねいに感じ取ってください。

もちろん、砂浜や芝生に行かなくても、日常的に足裏の感覚に集中することでマインドフルネスを実践することはできます。

たとえば、駅や交差点には目の不自由な方のための点字ブロックがあるでしょう。点字ブロックを踏んで、足の裏でその凹凸を感じる――これも立派な休息法です。

普通に道を歩いているときでも、足裏に意識を集中させることで、道路の凹凸、普段は気がつかない小さな傾斜などを感じることもできます。

さらに言えば、わざわざ外に出なくても、家の廊下、板の間や畳の上を裸足でゆっくりと歩いてみるだけでもいいと思います。

いずれにしても、「足裏に意識を集中する」というシングルタスクをすることがポイントです。

こんな人におすすめ

みなさんの中にも、ふだんからいろんな物事を同時にテキパキこなすことが得意な反面、1つのことに集中して、じっくり取り組むことが苦手という方もけっこういるのではないでしょうか。

そんな人には、特にこの「足裏瞑想」がおすすめです。

1～3分という短い時間でもいいので、足の裏だけに意識を集中する。それだけで、脳をリフレッシュさせることができます。

ただし、ここで大事なのは、「今から1分間やろう！」「3分間やろう！」と区切るのではなく、「自分が心地いいところまでやる」というくらいアバウトな気持ちで、「ただ足裏に集中すること」が大事です。それが結果として、1分であろうが、10分であろうがかまいません。

現代人は足裏の感覚が鈍っている

本来、人間の身体というのは、「手のひら」と「足の裏」の感覚が最も繊細で、鋭くなるようにできています。何かを触ったり、地面に直接接する部位なので、鋭い感覚を持っていないと危険を察知できないからです。

しかし、現代人は外へ出るときはほぼ100％靴を履きますし、女性はハイヒールを履く機会も多いでしょう。

そんなふうに日常を過ごしている私たちは、当然、足裏で直接地面を感じ取る機会は減り、それだけ感覚も鈍ってきています。

これは、生物としての退化と言ってもいいでしょう。

そんな「人間が本来持っている感覚」を呼び覚ます意味でも、**時には裸足になって、芝生や砂浜を歩き、大地の感覚を味わってみてください。**

あるいは、女性の方は休日にハイヒールではなく、底が平べったい靴を履き、地面の感覚を確かめながら歩いてみてください。

素足から伝わってくる感覚を感じ、自分の重心が足裏をどのように移動していくのかなど、自分の内側へ注意資源を向けることは、とても効果的な休息法の1つなのです。

6
アロマオイルで「気分の切り替え」をする

感情や気分と「匂い」には、実は密接なつながりがあります。

そもそも「匂い」という感覚刺激は、脳の中にある嗅皮質《きゅうひしつ》というところで感じ取るようになっています。こうした嗅覚神経は、脳の中でも中枢に近いところにあり、記憶を司る海馬、情動を司る扁桃体にも近いため、それだけ記憶や感情とリンクしやすいのです。

よく、「幼少期のお母さんの匂いを覚えている」とか「昔の恋人の匂いが忘れられない」という話を耳にするでしょう。そんな「匂い」と「記憶」の関連性は、脳科学的にも証明されているのです。

そして同様に、**「匂い」は感情にも大きな影響を及ぼすことがわかっています。**

その根拠として、ほかの感覚（味覚や触覚など）を伝える神経とは異なり、嗅覚神経だけは感情や記憶を司る「大脳辺縁系」にダイレクトに接続していることが挙げられます。この大脳辺縁系は、大脳の奥の方にある、いわば動物的、本能的な脳機能を担っている部位です。

たとえば、グレープフルーツのアロマオイルの香りを嗅いだとき、理性的に「これは柑橘系の香りだから、脳内のエンケファリンの分泌を促進することで、ストレスを軽減する作用があるんだ」などと考える間もなく、自然とスッキリ爽快な気分になったり、落ち込んだ心が楽になったりする。

これは**嗅覚の刺激が「感情」という、脳の本能的な機能に直接働きかける強い作用を持っている**からです。不快な臭いを嗅げば、それだけイライラしたり、落ち着かなくなったりしますし、反対に、心地よい匂いを嗅ぐことで、気持ちが落ち着いたり、元気になったりするのです。

そんな「匂い」を活用することで、上手に気分の切り替えをしようというのが、ここでご紹介する休息法です。

具体的なやり方

アロマオイルをハンカチに染み込ませて、それを枕元に置いて寝る。
あるいは、そのハンカチを持ち歩いて、気分の切り替えをしたいときにそっと嗅ぐ。
ただ、それだけです。

アロマオイルは、精油であれば1、2滴で十分。それ以上強い香りは必要ありません。逆に強い匂いに慣れてしまうと、さらに強い刺激を欲するようになってしまうので、**特に最初は薄めにすることが肝心**です。

またアロマオイルは、香水のように自分の身体に直接つけるわけでもなく、揮発性も高いので、ちょっとした気分の切り替えをするのにはぴったりだと思います。

本書ですでに述べたとおり、**脳疲労をためないためにも、大事なのは上手に気分を切り替えること。**

そういう意味でも、「匂い」を活用するのはとてもいい休息法です。

アロマオイルを使い分ける

アロマオイルの選び方としては、ざっくりと2つの効用で分けることをおすすめします。

1つは、気分を落ち着けたいときに使う**「鎮静化バージョン」**。

ラベンダーやサンダルウッド、イランイラン、サイプレスなどが気持ちを落ち着けるのに適しています。

もう一方は、気分を盛り上げたいときに使う**「活性化バージョン」**。

こちらはシトラス、グレープフルーツ、レモンなどの柑橘系、それにペパーミント、スペアミントなどのミント系もいいでしょう。

朝、仕事へ行く電車の中でも、仕事の合間、昼休みにでも、「ちょっと気分を切り替えたい」という場面はいくらでもあると思います。

アロマオイルはその切り替えのスイッチに適していますから、小さな瓶を持ち歩いて、ちょっとしたタイミングでハンカチに1、2滴染み込ませて、それを嗅ぐというのは、リフレッシュのとてもいい習慣です。

そうやって日常の流れを遮断して、上手に自分をコントロールする――それがとても大切なのです。

日本では女性の方がアロマオイルを使う習慣が浸透しており、その香りに抵抗が少ないでしょうが、もちろん男性にもおすすめの休息法です。

香りによって自分を上手にリフレッシュ、そしてコントロールすることができれば、それだけでも自己肯定感、レジリエンスも高まってくるものです。

実践編

第2章
食事でマインドフルネスを実践する

7 ゆっくりと変化を感じながら食べる

第2章でご紹介するのは、「食」に関するマインドフルネスです。

誰でも毎日食事をするわけですから、考えようによっては、**最も生活に取り入れやすい休息法**といえます。

ここでは分かりやすい例として、**「ラーメン瞑想」**と私が呼んでいる方法をご紹介します（ラーメン以外の食べ物でも、もちろんＯＫです！）。

具体的なやり方

ポイントは、「ゆっくり」と「変化を楽しむ」ということに尽きます。

ラーメン屋さんへ行って、自分の前にラーメンが出てきたら、いきなり食べるのではなく、**まずはじっくり眺めます。**

「スープの色がきれいだな」「おいしそうだな」「海苔はここにあって、卵はこんなふうに乗っているな」「チャーシューが柔らかそうだな」とラーメンの様子を細かく観察し、心の中で言葉にします。

細かくといっても、せいぜい30秒くらいの話です。あまり時間をかけすぎても、ラーメンが伸びてしまいますから。

そして、**次に香りを嗅ぎ、十分に堪能したら、いよいよ食べはじめます。**

ただし、コショウやラー油などを、最初は何もかけずに食べてください。ラーメンそのままの味を一口食べて、その食感や味、鼻に抜ける香りなどをしっかり味わうのです。

その他のトッピングについても、1つひとつていねいに、味や歯ごたえを味わいながら食べていきます。

海苔のぱりぱりとした感じや、スープに浸って柔らかくなっている部分。メンマや葱の歯ごたえや、チャーシューの柔らかくジューシーな感じ。

そういったものをていねいに感じながら食べていくのが「ラーメン瞑想」です。

私は、個人的にホウレンソウのトッピングが大好きなので、よく追加で頼みます。ホウレンソウにしても、まずはスープに浸っていない部分だけを口に入れ、ホウレンソウそのものの味を感じます。その後、スープにつけたり、麺と一緒に食べてみたりすることで、またひと味違うホウレンソウを味わうのです。

このように、**「味の違い」「変化」を堪能しながら食べていく**ことが「ラーメン瞑想」（食の瞑想）の基本です。

この休息法の効果

もちろん、この瞑想はラーメンでなくてもかまいません。

食事の際に、これくらい集中して1つひとつの食材を楽しみ、味の変化に着目していると、まぎれもなくシングルタスクになります。これが一番大切なところです。

とにかく忙しい人は、食事のときでも仕事やその他の心配ごとが頭から離れず、いま何を食べているのか意識さえしていないようです。日々のランチは「ただかき込むだけ」——そんな方も多いのではないでしょうか。

一方で、この「ラーメン瞑想」のようなマインドフルな食べ方をすると、**「仕事モード」「心配ごとモード」を一度ストップして、食べることに集中することができます。**この「切り替え」がとても大事なのです。

「切り替え」という意味では、三度の食事に限ることなく、仕事の合間にちょっとしたおやつを食べるときでもかまいません。

チョコレートやレーズン一粒でいいので、その形や色をゆっくりと見て楽しむ。そして口に含んだら、その堅さやまろやかさ、甘み、溶けていく感覚などを十分に味わってみてください。

ここでもやはり大事なのは、「ゆっくり」と「変化を楽しむ」ということです。

せっかく「ひと休み」しているのですから、食べることに集中して、シングルタスクになることを心がけてみてください。

それだけで、脳をしっかり休ませることができるのです。

「食の瞑想」は、体調管理にも効果的

ゆっくり、じっくり、味わって食べていくと、**薄味でも旨味を感じるようになり、食べる量も減っていくという副次的な健康効果もあります。**

大食いの人は、たいてい食べるのが早いもの。一方、マインドフルな食事法を実践していると、自ずと食べるのがゆっくりになり、その分、早く満腹感を得られるようになります。これで食べる量が減るのです。

また、素材の味を1つひとつ味わっていると、それだけ味覚が鋭敏になり、「素材

にも十分味がある」と感知できるようになるので、どんどん好みが薄味になっていきます。

実際、マインドフルな食事法を実践することで、糖尿病が改善され、血糖コントロールが良くなって、インスリン注射の単位数が減ったという症例はいくつも報告されています。

同様に、薄味の食事になって高血圧が改善されたというケースもたくさんあります。２０１６年、米ブラウン大学の研究では、マインドフルネスの実践者は、血糖コントロールが良好である傾向が明らかになっています。

米ミズーリ大学では、近年マインドフルネスをもとにした食事法「The Mindfulness-Based Eating Solution」を開発し、多くの人に実践してもらう取り組みを続けています。この方法により、適量の食事で満足できるようになり、無理のない、リバウンドのリスクも少ないダイエットが可能になったと報告されています。

身体的な健康にもつながり、脳疲労を軽減するマインドフルネスにもなる食事法。ぜひ、実践してみてください。

8

3分間、「飲む」ことに集中する

一人でカフェに入ると、注文したあとすぐにスマホを操作しはじめたり、パソコンや資料を開いて仕事をしはじめる人も多いと思います。

しかし、せめて3分だけでもいいので、コーヒーなり紅茶なり、自分が注文した飲み物を「ゆっくり味わう」という時間を作ってみてください。

具体的なやり方

やり方は「食の瞑想」と同じです。**見た目や香りをていねいに観察し、マグカッ**

プの温もりさえも堪能してから、ゆっくりと口に含み、その味わいや温度、舌触り、口の中に広がる香りやのどごしなどを感じてみてください。

そんな小さな「リセットの時間」が脳を休めてくれますし、その後の仕事の集中力も高めてくれます。

「優しい時間」が人を癒す

2005年に、倉本聰さん脚本、寺尾聰さん主演の「優しい時間」というドラマが放送されていました。ご覧になっていた方もいるでしょうか。

倉本さんらしく、北海道は富良野にある山小屋のような喫茶店が舞台。そこでは、お客さん自身が自分で飲むコーヒー豆を、手動のコーヒーミルで挽くという決まりになっていました。ちょっと珍しい喫茶店ですよね。

窓の向こうに北海道の雄大な自然が広がっているなか、お客さんはみんなゆっくりと、ガリガリとコーヒー豆を挽く。

……まさに、マインドフルな時間が流れています。そんな「優しい時間」が人を癒し、再生していくというストーリーでした。

カフェに入って、さすがに自分でコーヒー豆を挽くことはありませんが、そんな**「ていねいな時間」「優しい時間」を過ごすことは、休息法としてもとてもおすすめです。**

職場の休憩コーナーで缶コーヒーを飲むときでも、缶から伝わる冷たさや温かさを手のひらに感じて、ていねいに缶を開けて香りを楽しむ。「プシュッ」と缶を開ける瞬間に広がる香りを楽しむことだって、十分に「優しい時間」になり得ます。

そんな「優しい時間」を意識的に日常に取り入れていくと、自分の気持ちを上手にコントロールできるようになりますし、それだけ自分自身を慈しむ気持ちが芽ばえてくるはずです。

9

ていねいに料理をする

前の項目の「コーヒー豆を挽く」にも通じるのですが、自分がこれから口にするものをていねいに準備する、料理するというのも、1つのマインドフルネスです。

具体的なやり方

カレーやシチューなど鍋に入っているものをコトコト煮込みながら、ゆっくりとかき回す。**余計なことを考えず、ただそれだけに集中して、焦げないように、味が具材に染み込むように、ていねいにかき回す**——それも立派な脳の休息法です。

もっと言えば、納豆を食べるとき、粘りを出すためにかき回すでしょう。それだって、ただおざなりに作業としてやるのではなく、**ていねいに心を込めてやることで、次第に気分が落ち着いてきます。**

禅の基本的な考え方とは、「ていねいに生活する」ということ。食事の準備をていねいに行うのはじつに禅的であり、マインドフルネスなのです。

そのほか、**そばを打つ、手作りパンの生地をこねる**というのでもかまいません。無心になって、そば粉や小麦粉をこね、ていねいに成形していくというのは、精神を落ち着かせ、脳疲労を軽減させる効果があります。

余談ですが、「ひつまぶし」というのは、その食べ方そのものが非常にマインドフルだと私は思っています。

みなさんご存じのとおり、ひつまぶしは最初、うなぎごはんをそのまま食べて、次に薬味やわさびを足し、最後はだし汁を注いで頂きます。

その一回一回、ていねいにお櫃から茶碗に盛り、味の変化を感じながら食べるひつまぶしは、それ自体が実にマインドフルです。みなさんも、ひつまぶしを食べる機会がありましたら、そんなこともぜひ意識してみてください。

「茶の湯」でも、過程を大切にしている

茶の湯の世界でも、「ていねいにお茶を点てる」というプロセスそのものがとても大切にされています。

「おいしいお茶を飲む」ということよりも、むしろそうやって時間をかけて、ていねいに準備をし、相手をもてなすという精神性の方が、伝統や文化として継承されているのです。

食事の準備をするときには、**少しだけでもいいので「ていねいに、ゆっくり、集中する」ということを意識してみてください。**それだけでも、マインドフルネスの習慣が身についてくるものです。

実践編

第3章 最高の睡眠を手に入れる

第3章では、「睡眠」をテーマに休息法をご紹介していきます。**身体や脳を正しく休めるには、睡眠こそ最も重要な要素**と言っても過言ではありません。

しかし、睡眠に関して間違った認識を持っている方もけっこう多いのです。

たとえば、「ぐっすりと眠るには、身体を疲れさせることが大事」と言って、夜に無理矢理ジョギングをしたり、筋トレをするという話も耳にします。

もちろん、ジョギングや筋トレそのものを否定するわけではありません。しかし、こと「睡眠の質を上げる」という意味では、残念ながら正しいアプローチとは言えません。

そこで、何よりもまず「なぜ、うまく眠れないのか？」「どうして睡眠の質が下がってしまうのか？」という「睡眠の正しい基本」を、ここでぜひとも知っていただきたいと思います。

睡眠の質を決定づける睡眠ホルモン「メラトニン」

そもそも、私たちはなぜ眠くなるのでしょうか。

それは、脳内で「睡眠ホルモン」であるメラトニンが分泌されるからです。メラトニンが分泌されると眠くなり、分泌が抑制されると脳や身体は活動的になり、眠りから遠ざかっていきます。

これが基本メカニズムですので、ぜひ覚えておいてください。

この**メラトニンは、朝、光を浴びると分泌が止まり、その後14〜16時間後に再び出てくる**という生理的なサイクルを持っています。

仮に、朝7時に太陽光を浴びると、そのタイミングでメラトニンの分泌が止まり、身体や脳が活動的になります。その後、約15時間後の夜の10時くらいに再びメラトニンが分泌されると、徐々に眠くなり、睡眠に入っていくというサイクルです。

つまり、昼の12時まで寝ていて、その時刻に初めて日光を浴びたとすると、次にメラトニンが活動してくれるのは深夜3時ごろになるのです。

夜の12時に布団に入っても、「全然、眠くならない……」「なかなか寝つけない……」という経験は誰にでもあるでしょうが、それは**「朝、何時に光を浴びたのか」という時点で、ある程度決定づけられている**のです。

ブルーライトによって、「睡眠ホルモン」が分泌されなくなる

要するに、質の良い睡眠を取るには、**「眠りたい時刻に、正しくメラトニンが出てくるようにする」というのが第1のポイント**です。まずは、それくらいシンプルに考えてみてください。

寝る前にパソコンやスマホなど、ブルーライトを浴びるのはよくないという話をよ

く聞くでしょう。なぜこれがよくないのかというと、ブルーライトなどの強い光を浴びることで、メラトニンの分泌が抑制されてしまうからです。

身体はゆっくりと寝る準備に向かっている、すなわちメラトニンを出そうとしているのに、強いブルーライトを浴びると、せっかくのメラトニンが出にくくなってしまう。そうやって質の良い睡眠から遠ざかってしまうのです。

あるいは、夜は蛍光灯など「白くて、明るい光」を直接浴びるのではなく、ややオレンジがかった柔らかな光を間接的に浴びた方がいいという話も聞いたことがあるでしょう。これも、強い光でメラトニンの分泌を妨げないようにする工夫です。

最近はLED照明でも、光の強さや色を調節できるものが発売されているので、**時間によって「光の強さと色」を使い分けるというのも、眠りの質を上げるのにとても効果的です**（287ページ）。

こうした外部環境を整えることで、正しくメラトニンを分泌させる――質の良い睡眠を取るための、とても大事なアプローチです。

大豆製品、乳製品を摂ることで、睡眠の質が上がる

メラトニンを適切に分泌させるためには、外部環境だけでなく、身体の内側にも目を向けなければなりません。

メラトニンをつくり出す栄養素をきちんと摂取するということです。

メラトニンは、身体の中でいくつかの段階を経てつくられるのですが、メラトニンになる1つ手前の段階が「セロトニン」というホルモンです。

セロトニンは「幸せホルモン」とも呼ばれるもので、**うつ病になるとセロトニンが不足することが分かっています。**うつ病の代表的な症状の1つに不眠がありますが、セロトニンが不足し、結果としてメラトニンがつくられなくなるのが原因ではないかとも言われています。いずれにしても、質の良い睡眠を取るためには、この「メラトニン」「セロトニン」が不可欠なのです。

そして、このセロトニンをつくる材料、栄養素となるのが「トリプトファン」というアミノ酸です。ただし、トリプトファンは身体の中で生成することができないので、外から摂取するしかありません。

トリプトファンが多く含まれるのは大豆製品と乳製品です。つまり、**納豆、豆腐、味噌などの大豆製品と、牛乳、ヨーグルト、チーズなどの乳製品をしっかり摂ることで、トリプトファンの生成が促進される**というわけです。

ほとんどの日本人が「睡眠負債」を抱えている

睡眠に関して、もう1つ忘れてはならないのが時間。睡眠の長さです。

日本人の平均睡眠時間は世界的にも短いことが知られていて、世界睡眠学会でも問題視されています。

日本人、15歳以上65歳未満の全人口の平均睡眠時間は7時間43分だそうです。この数字だけを見ると十分寝ているように見えますが、この数字には高校生からリタイア後の世代も含まれますから、健康な成人はいかに睡眠不足かが分かります（287ページ）。

日常的に6時間未満の睡眠では、どうしても「睡眠負債」が貯まってきます。慢性的な寝不足という状態です。

平日はつねに寝不足で、休日になると「一日中寝て過ごす」という人も多いのではないでしょうか。

そもそも、睡眠というのは「貯金」はできないのに、「借金」は貯まっていくという性質を持っています。**あらかじめ「寝貯め」はできませんが、寝不足が続くと「睡眠負債」が貯まる**という構造です。

その借金を返済するために、休みの日に一気に寝るというパターンが起こってくるわけです。

一時的な対応として、休みの日にたっぷり寝ることも大事ですが、やはり目指すべきは日常的な睡眠不足の改善です。

日中、なんとなく眠くて集中力が下がるとか、電車に乗って席に座るとすぐに眠り込んでしまうというような人は睡眠負債が貯まっていると考えた方がいいでしょう。

まずは、この状況を何とかするのが先決です。

睡眠の質を下げている「4大要因」

ここまで、睡眠のメカニズムについてお話ししてきました。

ここからは、睡眠の質を下げている内的要因を見ていきましょう。代表的な4つのパターンをご紹介します。

1　行動誘発性睡眠不足症候群

1つ目は、「行動誘発性睡眠不足症候群」です。

「行動誘発性」というのは、文字どおり「自分の行動によって睡眠不足を起こしている」ということです。夜、ブルーライトを浴びる生活（スマホ、パソコン、テレビを遅くまで観ているなど）がその典型です。

あるいは、夜遅くまでお酒を飲んでいるなど、いわゆる自分の行動や習慣によって睡眠不足になっているパターンです。

2　睡眠時無呼吸症候群

「睡眠時無呼吸症候群」とは、睡眠時に一時的に呼吸をしていない状態になることです。潜在的な患者さんを含めると、日本では200万〜500万人もの人が睡眠時無呼吸症候群だといわれています（287ページ）。

寝ているときのことなので本人は気づきにくいのですが、「いびきをよくかくと言われる」「夜、何度も目を覚ます」という人は、睡眠時無呼吸症候群の可能性があります。

夜、起きて何度もトイレに行くのは頻尿のせいだと思われがちですが、睡眠時無呼吸症候群で苦しくて目が覚めて、「目が覚めた→トイレに行きたい」と感じるというパターンもけっこうあるのです。

アジア人は欧米人に比べて骨格的に顎が小さく、下顎が後ろに下がっているため、相対的に舌が口の中を占める体積比率が大きくなります。このため、舌とその周囲の組織で咽頭が詰まりやすく、睡眠時無呼吸症候群が多くなるといわれています。

直接的な原因は、舌が咽喉に落ち込んで呼吸が止まってしまうことなので、**簡単な対応策としては横向きに寝るというのがおすすめ**です。

もちろん寝ている間に寝返りを打つのですが、**抱き枕を使うことで比較的横向きの姿勢をキープできます。**あるいは、リュックの中に新聞紙などを詰めて膨らませた状態にし、それを背負って寝るという方法もあります。

そのほか、医療用テープで口を塞ぎ、口呼吸をしないようにするとか、マウスピースを使うなどさまざまな方法がありますが、気になる方は一度専門医に相談するのがいいでしょう。

3　レストレスレッグス症候群

「レストレスレッグス症候群」は、通称「むずむず脚症候群」。寝ているときに脚が動いて、休まらないという病気です。

寝ている間、周期的に脚をバタバタ動かしてしまったり、ベッドに入ってから眠りにつくまでの間に、下半身をはじめとする体の各所がピリピリする感じ、熱い感じがするなど症状はいろいろあるのですが、いずれにしても脚に違和感があってゆっくり眠ることができなくなります。

若い女性に多く、鉄欠乏によって起こることが多いので、**まずは鉄分をしっかり摂ることが第一の対策です。**

自分もレストレスレッグス症候群かもしれないという人は、一度しっかりと専門医に相談してみてください。多くの場合、薬で治療できますし、これによって睡眠の質が上がれば、心身ともに調子がよくなってくるはずです。

4 睡眠リズム障害

「睡眠リズム障害」とは、その名のとおり、「睡眠のリズム」が狂ってきてしまうことです。なかでも一番多いのが、「DSPS」(Delayed Sleep Phase Syndrome)、日本語でいう「睡眠相後退症候群」です。

「睡眠相」とは「睡眠のリズム」のことで、これが少しずつ後退していってしまう症状です。明け方くらいに寝て、昼過ぎまで寝ているというように、どんどん睡眠時間が遅くなっていってしまうのです。

もともと、人間の脳内時計は一日25時間の設定になっていて、放っておくと生活リズムがどんどん後ろへずれていくという話は昔から指摘されています。

ただ最近では、実は平均周期は24時間と10分程度であるとか、24時間より短いサイクルの人も意外と多いとか、さまざまな報告がされていますので、安易に25時間と決めつけることはできないでしょう。

むしろ、個人差が非常に大きいのが脳内時計のリズムであると考えるべきです。それにもかかわらず、おしなべて睡眠リズムが後ろにずれていく人がなぜここまで多いのかといえば、それは私たち人間の「中」ではなく、「外」の環境による影響があまりに大きいからであると考えられます。

「睡眠リズム障害」になる一番の原因は、やはり朝、決まった時間に太陽光を浴びる生活ができないことです。

たとえば、地下鉄の作業員の方は、地下でずっと仕事をしていて、それも夜勤が多いので、睡眠リズムは当然狂いやすくなります。地下鉄の作業員の方に限らず、看護師やシフト制の作業者など、夜勤がある人はやはり睡眠リズム障害になりやすいことが分かっています。

あるいは、海外への出張が多かったり、海外との二重生活をしている人は時差の影響を受けるので、これもまた睡眠リズムが崩れがちになります。これについては、「ジェットラグ症候群」（時差症候群）という個別の名称があるほどです。

いずれにしても、こうした睡眠リズム障害を解消するには、できる限り同じ時間に寝て、同じ時間に起きることが大切です。

なにより朝、しっかり太陽光を浴びることです（次項でくわしく扱います）。まずは、その原則を意識していただきたいと思います。

物理的にそれが難しい人向けに、強力なライトを放つ機器も発売されています。朝、強制的に強い光を浴びることで、生活や睡眠のリズムを修正するという方法です。

実際、朝起きてからなかなか身体が活動を開始してくれないという症状により、不登校に悩んでいる子どもに対して、こうした機器の強い光を強制的に浴びさせるという処置を施している専門治療機関もあります。

あるいは、朝4〜5時などの早朝に起きることが必要な仕事の場合、特に冬場はまだ外が暗いので、物理的に太陽光を浴びることができません。そんなときに、こうした機器を使って、「身体を起こす」という使い方をしているケースもあります。

睡眠は言うまでもなく健康の基本であり、休息という意味ではもっとも大事な要素でもあります。睡眠のリズムが崩れたままでは、日常生活のなかで少なからず障害も出てきますので、リズムが崩れやすいという方は、特に何かしらの工夫が必要です。

というわけで、本章では「睡眠」というテーマに即した休息法をいくつかご紹介していきます。

10
朝日をしっかり浴びる

これまで繰り返しお話ししてきたとおり、人間の身体はメラトニンが分泌されることで眠りに入っていきます。そのメラトニンは朝、光を浴びてから14〜16時間後に再び出てくることがわかっています。

つまり、夜きちんと眠りにつきたいと思ったら、まずは朝、決まった時間にしっかりと朝日を浴びることが肝心です。

具体的なやり方

朝、起きる時間がバラバラの人は、まず起きる時間を決めて、そこで朝日を浴びる習慣をつけてみてください。すると、徐々に夜の寝つきもよくなっていくはずです。毎朝決まった時間に起き、仕事や学校に出かけていく人は、1分でも2分でもいいので、意識的にしっかり太陽光を浴びるようにしてみてください。

日光を浴びることによって、メラトニンの分泌が止まり、一日のスイッチが入ります。この効果は大きく、そこで体内時計がしっかりセットされると、約15時間後にきちんと眠くなっていくのです。

土日の使い方によって、「上手な睡眠サイクル」をつくる

週末が休みの人は多いと思いますが、この土日の使い方もけっこう大切です。

というのも、休みの日に遅くまで寝ていることで朝日を浴びるタイミングを逸してしまうと、結局、その日の夜に眠れなくなり、睡眠のリズムを崩してしまう可能性があるからです。

とはいえ、平日は忙しく、慢性的に「睡眠負債」が貯まっている人もいるでしょうから、そこは上手に解消したいところです。

そこでおすすめしたいのは、**やはり土曜日でも、いったんはいつもと同じ時刻に起きて朝日を浴びるという習慣**です。とにかく、そこで体内時計のスイッチはしっかりと押しておきます。

睡眠負債が貯まっているようなら、その後二度寝してしまってもいいですし、ゴロ

ゴロと昼寝をしてもかまいません。それくらい、ゆるい意識でいてもかまいません。

そして、休みの2日目である**日曜日には、しっかり決まった時間に起きて、日中はそれなりに活動をする**のです。


そんなふうに土日（2日間の休み）を活用することで、「睡眠負債」も解消されますし、月曜日から金曜日にかけての睡眠の質も高められるでしょう。

このように工夫すれば、忙しい平日で崩れてしまいがちな睡眠のリズムや、不足しがちな睡眠時間を、週末を使って上手にリセットすることができるのです。

これもまた、非常に大事な休息法の1つです。

11

寝る1時間前に、入浴を済ませる

質の良い睡眠を取るための3要素を挙げると、次のようになります。

1　規則正しく寝て、起きる
2　夜はリラックスする
3　朝は太陽光を浴びる

これがすべての大前提です。
さて、ここでは夜にリラックスするための入浴法について取り上げてみます。

具体的なやり方

入浴は、寝る1時間前に済ませておきましょう。

入浴することで体温は上がりますが、そこからゆっくりと体温は下がってきます。その**体温が下がってくるタイミングに合わせて眠りに入るのがベスト**です。

お風呂から出たらすぐ寝るというよりは、1時間くらいゆったりとした時間を過ごしながら眠りに入る、というイメージを持ってください。


お湯の温度はぬるめが基本。冬場でも39〜40度。夏場であれば38度でもいいでしょう。湯温があまり高すぎると交感神経が活発になり、質の良い睡眠の3要素の1つ「夜はリラックス」に反してしまいます。

ぬるめのお風呂に15分くらい入って、身体をポカポカにする。お風呂を出てからは、ゆっくりと身体を冷ましつつ、眠りに入るようにしてください。

夜のストレッチはOK、筋トレはNG

夜、寝る前に軽いストレッチをするのはいいと思います。身体が気持ちよく休まるというくらいの強度のストレッチなら、交感神経が過度に興奮することもなく、心地よく眠りの準備をすることができます。

しかし、それ以上の強度のストレッチや高負荷の筋トレをすると、やはり交感神経が優位になって、質の良い眠りからは遠ざかってしまいます。

トレーニングとしてのストレッチや筋トレをやるならば、寝る2時間前くらいには終わらせておく。それからゆっくりお風呂に入り、その後は落ち着いてボディスキャンをする程度にしておいたほうがスムーズに入眠できます。夜のリラックスタイムを上手に習慣化できれば、それだけでも睡眠の質は上がっていくものです。

12

照明の明るさを調節する

具体的なやり方

朝はしっかりと太陽光を浴びて、メラトニンの分泌をストップさせます。そして、夕方以降になったら、直接的な電気ではなく、**少し暗めの間接照明に切り替えます**。蛍光灯のような白い光から、白熱灯のようなオレンジ色っぽい光に変えて、できればランプシェードがあるものが使えるといいでしょう。光源を直接見ないで、柔らかな光の中で過ごすことが大切です。

夜、寝る前になったら「少し暗い中で過ごす」のを日々の習慣にするのもおすすめです。

たとえば、キャンドルの光を見ながら、瞑想する時間を持つのも、とてもいいでしょう。炎という自然の揺らぎを感じながら、じっくりと自分の内側に注意資源を向けるというのは、眠りという意味でも、マインドフルネスという意味でも、最高の休息法といえます。

リラックス効果を高めるなら、**アロマキャンドルを使うのもおすすめ**です。

安全に配慮した商品もたくさん出ていますが、実際にキャンドルを使う場合は火の取り扱いに十分注意してください。

「見えないこと」が癒しになる

薄暗い、ぼやっとした視界の中というのは、瞑想するのにとても適した環境です。

目の前がぼんやりしていれば、ごく自然に「呼吸を意識しやすい」「注意資源を内側に向けやすい」からです。

そういう意味では、**メガネやコンタクトレンズを使っている人は、瞑想の際に外すことをおすすめします。**

ちなみに私も、ふだんはメガネをかけているのですが、坐禅や瞑想のときは外すようにしています（瞑想指導をしている場合は別ですが）。

実際にやってみると、「薄暗く、ぼやけた視界」というのは案外集中しやすいものですし、気持ちがゆったりと落ち着いてくるものです。

13 昼寝は1時間以内にする

昼寝というのは、とても効果的な休息法の1つです。

ただし、昼寝の仕方によっては睡眠のリズムを崩してしまうので、そこは注意が必要です。

具体的なやり方

まず、**昼寝は「10～30分程度」「長くても1時間以内」が大原則。**
それも、あまり夕方に近かったり夜になってしまうと、これまた睡眠のリズムを崩す原因となるので、**「遅くても午後3時以降の昼寝はしない」**ということを自分のルールにしていただきたいと思います。

睡眠は90分単位で深まっていき、「レム睡眠」「ノンレム睡眠」という周期を繰り返すと聞いたことがある人も多いと思います。実際には90分ときっちり決まっているわけではなく、60分の人もいれば120分の人もいて、個人差は少なくありません。

いずれにしても、30分程度の昼寝であれば、深い眠りに入る前の段階なのでスッと起きることができます。それでいて、脳は一度しっかり休めているので、とてもリフレッシュした気分になれます。

昼寝は、あくまでも「仮の睡眠」。**「あまり本格的に寝ない」**ということを意識してください。短い眠りのことを「ショートナップ」といいますが、お昼休みに15分くらい寝て、パッと起きる。そんな昼寝習慣をつけるといいでしょう。

職場では横になることはほとんど不可能だと思いますが、仮に横になれる場所がある人でも、ショートナップの場合は、**デスクに突っ伏して眠るくらいでちょうどい**

いということを覚えておいてください。

カフェインも午後3時以降は摂らない

午後3時以降は昼寝をしないという話に関連して、コーヒーや紅茶、日本茶などカフェインの入ったものは、同じく午後3時以降は飲まないことをおすすめします。カフェインの効果は結構持続するもので、夕方に飲んだコーヒーによって夜、なかなか寝つけないということにもなりかねません。

どうしても夕方以降にコーヒーを飲みたいという人は、**ノンカフェインのデカフェを飲むといいでしょう。**

また、**昼寝をする前にコーヒーを飲むというのも、実はおすすめの方法**です。

「コーヒーを飲んだら眠れなくなるのでは？」と思う人もいるかもしれませんが、カフェインの効果はそんなに早くは表れません。だいたい30分後くらいに効いてきて、覚醒効果が出てきます。

つまり、**昼寝をする前にコーヒーを飲んで、30〜40分後に起きれば、カフェインの効果によってスッキリと目覚めることができる**のです。ぜひ試してみてください。

14

「睡眠日誌」をつける

具体的なやり方

「睡眠日誌」として、**寝た時間と起きた時間を記録する**というのも、休息のための方法としておすすめです。

エクセルなどでオリジナルのものを作ってもいいのですが、ネットで検索するといろんな睡眠日誌のフォーマットが出てきますし、アプリもあります。

日誌をつける一番の目的は、**「自分の睡眠状態」が可視化できる**ということなので、入力が簡単で、グラフなどが見やすいものを選ぶといいでしょう。

自分の睡眠状態を把握することが大事

たとえば、自分が寝ていた時間は黒く塗りつぶしてあって、ウトウトしていた時間や電車の中でうたた寝した時間は斜線で表されていると、ひと目で自分の状態を把握することができます。

- 日によって、寝る時間、起きる時間が大きくズレていないか?
- 休みの日の睡眠時間の取り方はこれでいいのか?
- 「うたた寝が多い」ということは、「睡眠負債」が貯まっているのでは?

など、自分の睡眠状況が目で見てわかると、良質な睡眠のための工夫ができるようになります。

その意識づけという意味でも、睡眠日誌をつけることは効果的です。

睡眠日誌の例

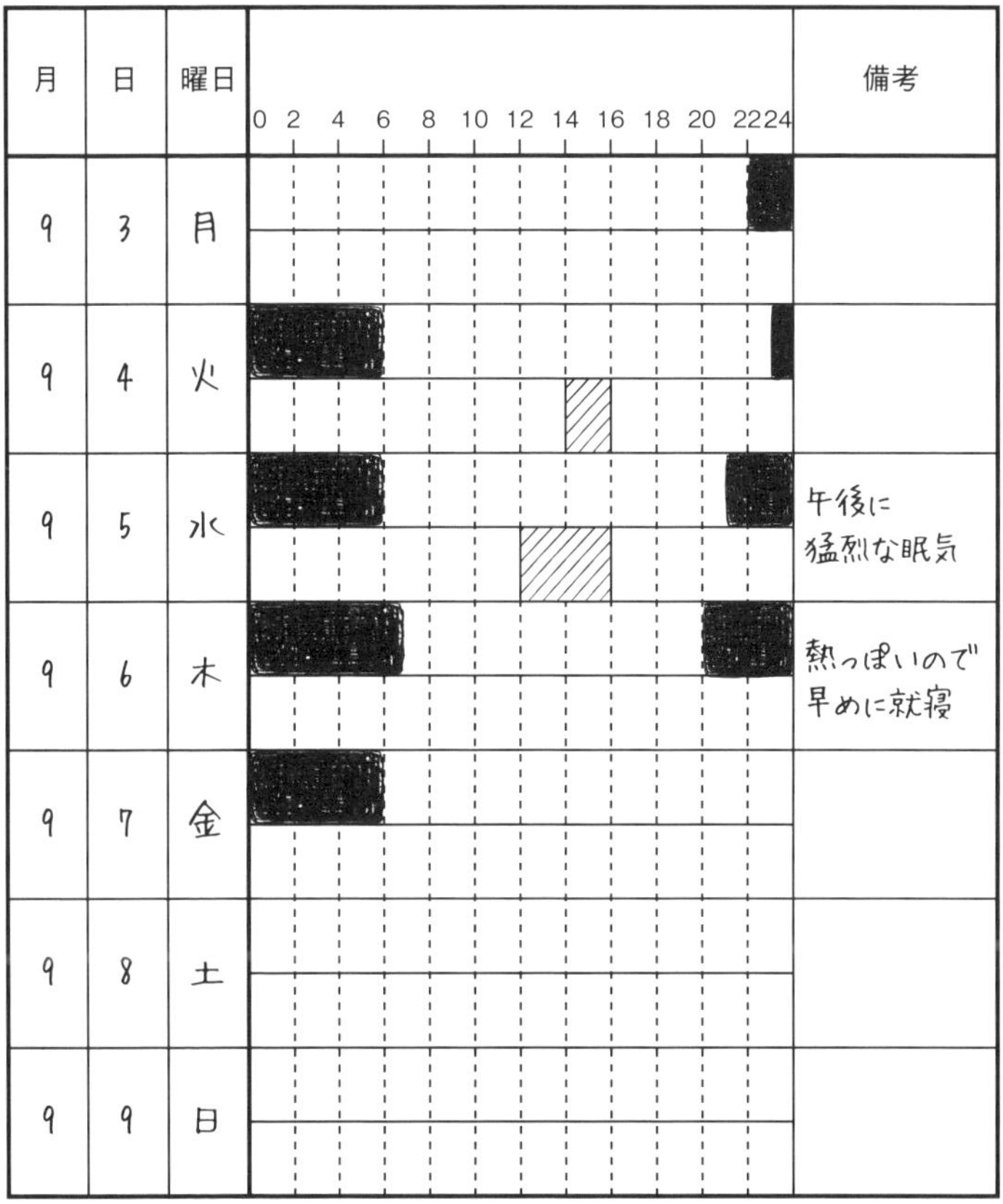
月
日
曜日
0 2 4 6 8 10 12 14 16 18 20 22 24
備考
9 3 月
9 4 火
9 5 水
午後に
猛烈な眠気
9 6 木
熱っぽいので
早めに就寝
9 7 金
9 8 土
9 9 日

15

目の周りを温める

具体的なやり方

睡眠というテーマに関連して、目の周りを温めるのは休息法としてとても効果的です。

夜のお休み前にも、また昼のショートナップの際にも、**ホットアイマスクや温めたタオルなどで目とその周辺を温める**のが効果的です。ホットアイマスクも比較的安く売っているので、市販のものを使ってもいいでしょう。

目の周辺を温めるのと同時に、**アイピローなどで、目にちょっとだけ「重み」**

をかけてあげても疲労回復につながります。目を閉じた状態で、眼球の上やその周辺を押すと、とても気持ちがいいですよね。**目をマッサージすることで、副交感神経が高まることは医学的にも証明されている**のです（287ページ）。

自律神経は、そもそもシーソーのような動きをするもの。**副交感神経を高めてしっかりリラックスしたあとは、交感神経が高まってきて「さあ、やろう！」という気持ちになってくる**のです。そういう意味でも、働いている日中のショートナップに「目を温める」という休息法をプラスするのはおすすめです。

最近はパソコンで仕事をする人も多く、日常的に眼精疲労で悩んでいる人もいるでしょうから、アイマスクやアイピローで目を上手に休ませることは特におすすめしたい休息法です。

目の周りには「ツボ」が集まっている

実際、目の周りにはツボがたくさん集まっていて、そのあたりを温めたり、もみほぐしたりすることで、血流がよくなっていきます。

東洋医学には、人の身体をつないでいる「経路」という考え方があって、その経路を血液や水、気が通っているのですが、その「気が集まっている場所」がいわゆる「ツボ」です。

ツボの「通り」が悪くなっていると、身体の不調を感じたり、凝りを覚えたりするので、そこを温めたり、刺激したりすることで「通り」をよくする。実は鍼灸も、そんな考え方に基づいて施術されています。

そんな**「ツボ」が目の周りに集まっているので、そこを温めることで気の流れをよくすると、それだけで身体がすっきりして、軽くなる**というわけです。

目の周りのツボ

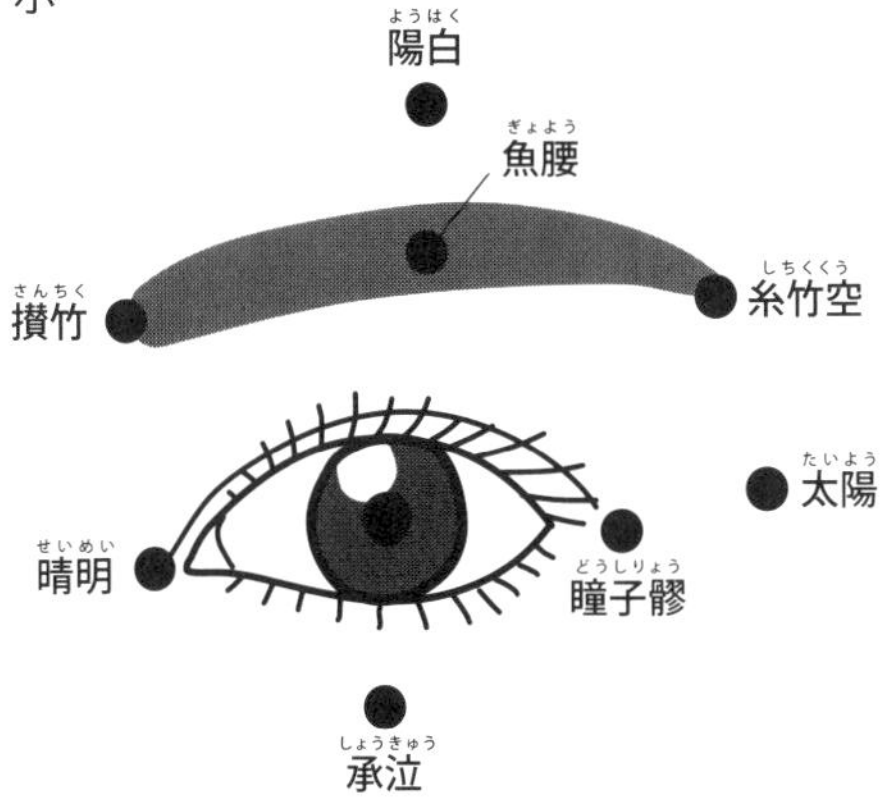

難しい理屈は抜きにしても、ぜひこの気持ちよさを体感していただきたいと思います。

実践編

第4章

自然の営みをていねいに受け取る

16

「自然の揺らぎ」を感じる

「自然の中にある音や風を感じる」というのは、休息法としてとてもおすすめです。

よく「波の音はいつまでも聴いていられる」「川の流れはいつまでも見ていられる」と言うことがあるでしょう。もっと身近なところで言うなら、窓に当たる雨粒や雨の音はずっと聴いていても、心地よく感じられるものです。

それは自然がつくり出す不規則で、バラツキのあるリズムだからです。この自然のリズムは「f分の1の揺らぎ」と呼ばれるもので、人工的につくられたもの、規則的なものとは違って、人を癒す効果が認められています。

一時期、この「f分の1の揺らぎ」がブームになったこともあって、扇風機でも強くなったり、弱くなったりする「自然の揺らぎ」モードを搭載したものが発売されました。とはいえ、人工的に作られた家電製品では、本当の意味での「f分の1の揺らぎ」というわけにはいきません。

やはり、**リアルな自然ほど人を癒してくれるものはない**ということでしょう。

具体的なやり方

波の音や雨音を聞く、風を感じるなど、自然の揺らぎを感じればそれだけでOK。

ここで大事にしていただきたいのは、音や風などの「自然の営み」を意識して、ていねいに感じ取ることです。

「ああ、波の音が心地いいなぁ」「今日の雨は、少し激しい感じがする」「しとしと雨粒が落ちてきている」「風が頬にあたって気持ちがいい」「少し湿った風を感じるな」など、**「今、ここにどんな自然の営みが生じているのか」「それを自分はどんなふうに感じているのか」**を感じ取って、**心の中で言葉にしてみてください。**

「良肢位」の姿勢

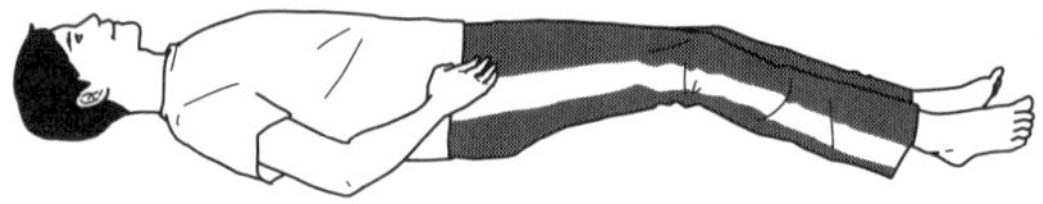

手や足の関節を少し曲げて、リラックスして横になる
× 身体をまっすぐ伸ばすと、関節に負担がかかる

無理のない姿勢「良肢位《りょうしい》」で

この休息法を行う際には、やはり**「無理のない姿勢で」というのが大切**です。

たとえば、砂浜に寝っ転がるのでもいいのですが、医学的に言えば、身体をまっすぐ伸ばしている状態というのは、意外と関節に負担がかかっているものです。

そこで**おすすめしたいのが、身体の関節を適度に曲げて、リラックスした「良肢位」という姿勢**です。

少し高級なマッサージ店やエステサロンなどへ行くと、身体の関節を少し曲げて自然な状態で横になれるベッドや寝椅子のようなものが用意されていることがあるでしょう。その姿勢が「良肢位」です。

介護の領域でも、体に無理のかからない姿勢でのケアが、介護される人にも介護する人にも望ましいとして、「良肢位」が意識されているそうです。

自然の揺らぎに近い音楽は「ジャズ」

実際に、波の音や川の流れを感じられる場所へ行って「直に自然を感じる」のは本当におすすめの休息法ですが、なかなか遠出ができない方もいらっしゃるでしょう。

そういう方が日々実践しやすい方法には、**自然の音を使ったヒーリング音楽を聴きながら、ゆっくりと瞑想する**というものがあります。これだけでも、休息効果は十分にあります。

余談ながら、音楽ジャンルの中では、より自然の揺らぎに近いのはジャズだといわれています。ロックは言うまでもなく、決まったビートを刻んでいくものですし、クラシック音楽はジャンルや時代、作曲家にもよりますが、比較的「音楽の幅」というか、曲調の変化が大きく、ドラマチックなものが多いと思います。

音楽自体を楽しむにはもちろんいいのですが、自然の揺らぎに近いものをゆったりと聴くという意味では、やはりジャズがおすすめです。

もともとジャズは、比較的単調なリズムの中にアドリブ要素も入っているので、いい意味で聞き流すことができます。

休日に、自然の音を取り込んだ音楽やジャズなどを聴きながら、ゆったりと過ごす休息法は、いつでもできるのでおすすめです。

17 火を眺める

「照明の明るさを調節する」の項目でキャンドルの話をしましたが、**「火を眺める」行為には、それだけで人の心を癒す力があります。**火のゆらめきというのも「f分の1の揺らぎ」の1つで、私たちの心を落ち着かせてくれます。

具体的なやり方

家でキャンドルを灯すのもいいでしょうし、キャンプ地などに出かけたときは、安全に十分配慮したうえで、**焚き火をすることもおすすめ**です。

ただ火を眺めているだけでも十分に癒されますが、火から伝わってくる熱さ、温かさをていねいに感じることで、よりマインドフルになる効果が期待できます。

人は火を見ると、自己開示したくなる

仲間うちでキャンプへ行って、夜、焚き火を囲んでいるとき、誰ともなく自分の悩みを打ち明けはじめたり、自分の生い立ちをとつとつと語りはじめた、という経験をしたことはありませんか？

以前、「ブラタモリ」というテレビ番組でタモリさんもおっしゃっていましたが、人は火を見ると自己開示したくなるものなのです。

心理学的な視点から見ると、**「自己開示できる」というのはそれだけ安心できている証拠であり、何より自己肯定感が上がっている証拠です。**

南山大学のグループが2008年に愛知県の大学生200人余りを対象に行った大規模な調査においても、友人などの他者に対して自己開示をすることができる人は、自己肯定感がしっかりと育まれているという傾向が明らかでした（286ページ）。

そもそも、自己肯定感が下がっている状態では、自分のことなど話せません。話すどころか、どんどん防衛的になって、自分の殻に閉じこもってしまいます。

しかし、人は火を見るだけで、何とも言えない安心感と自己肯定感が高まってきて、ついいろんなことを話したくなってしまうのです。

火には、そんな不思議な力があります。

実際、焚き火を囲んで対話をするイベントもよく開催されていて、たくさんの人が参加しているといいます。海外旅行へ行ったり、高級旅館に泊まるのもいいですが、時には何人かの仲間とキャンプファイヤーをやってみるのはどうでしょうか。

きっとかけがえのない時間になるでしょうし、自分の中で何かが再生してくるような感覚を味わえると思います。

18

周囲にある色を、言葉に置き換える

休日に散歩をしているときでもいいですし、通勤電車の中から窓の外を眺めているときでもいいので、**意識して「色を探す」**という方法です。

たとえば、桜の季節には「きれいなピンク色だな」と思うでしょうし、少し意識すると、「今日の空は青が濃い」「木々の緑が深まってきたな」「河川敷のグラウンドの土が、雨によって濃い茶色になっている」などと、さまざまな色を見つけることができます。

そうやって発見した色を、心の中で言葉にする――それが、ここでご紹介する休息法です。

具体的なやり方

まずは、「色を探して言葉にする」ということでいいですが、それが習慣化されてきたら、ぜひとも**「変化に気づく」「変化を楽しむ」**ということもやっていただきたいと思います。

いつもの散歩のコースに柿の木があって、「あ、小さな緑色の実ができてきた」という発見も大事ですし、その実が「少し黄色っぽくなってきた」「どんどんオレンジが濃くなってきている」という変化を感じ、楽しむ。

空を見ていても、その濃さや色彩は日々違うものです。曇りの日には白っぽい空が広がっていますし、雨が近づいてくるとどんどん空はグレーになり、黒っぽくなっていきます。

あるいは、夏の晴天と秋の晴天とでは、微妙にその青が違って見えることもあるでしょう。そんな色の変化を大事に観察してみてください。

せん。

「なぜ色を探して、言葉にすることが休息になるの？」と感じた方もいるかもしれません。

自然な形でシングルタスクができる

「色を探す」という行為をやってみると分かるのですが、**「色」という要素に集中することで、自然にシングルタスクになります。**いろんな悩みやストレスのことを考えながら、周りにある自然の色を見つけ出し、それを言葉にするなんて作業は、なかなかできることではありませんから。

脳疲労を軽減させるためには、シングルタスクにすることがとても大事なのですが、かといって「シングルタスクにしよう！」と意識しても、なかなかできるものではありません。

だから、**意識的に何かに集中することで、結果としてシングルタスクを実現しようとするアプローチ**なのです。呼吸に集中するのも、「ボディスキャン」で身体の各部位に意識を向けるのも同じです。

世界はさまざまな色にあふれていますから、「色を探して言葉にする」というのは、それこそいつでも、どこでもできます。

できるなら自然の色が理想ですが、別に自然のものでなくても、「このお茶碗の黒は、深みがあって美しい」「この万年筆のインクの色は、ブルーに少し緑がかっていて、その加減が見事だ」と、人工物から色を探すのでもかまいません。

ここで大事なのは、「これは青だ」「これは赤だ」と色を判別することではなくて、**自分なりの「微妙な色の違い」を言葉にすること**です。すると当然、ていねいに観察するようになりますし、ていねいに観察しようとすればするほど、シングルタスクになっていきます。

禅の本質とは、「ていねいに生きること」です。自分の周囲の色についても、ていねいに観察し、それを言葉にすること自体、禅的であり、同時にマインドフルネスでもあるのです。

19

「面白いこと」を探して散歩する

散歩というのはそれ自体、気分転換やリフレッシュにとても適していますから、休息法としてももちろんおすすめです。

そこでもう1つ、「面白いことを探しながら」という要素を加えてみてください。

というのも、ただ散歩をしていると、つい仕事のことを考えてしまったり、心配ごとが頭を駆けめぐったりと、マルチタスクになりがちだからです。

その点、「何か面白いことはないかな?」「素敵な人はいないかな?」「美味しそうなものは売ってないかな?」と**好奇心を持って意識して歩いていると、けっこう集中して散歩ができるものです。**

一見すると、「面白いものを探す」ということと、「歩く」ということを同時にする、ダブルタスクだからかえって疲れそう、と思われるかもしれません。

ここで大切なのは、あれこれと探しさまようイメージではなく、歩くことに意識をおいて散歩しながら、目に入ってきた対象が面白そうだなと感じたら、いったんその対象物に注意を移して、集中して観察したり、体験してみたりするという、**「集中」と「切り替え」を駆使したシングルタスクである**ということです。

具体的なやり方

「集中する」というと、言葉のイメージからすごく神経を研ぎ澄まし、かえって疲れてしまうような印象を持つかもしれません。

そうではなくて、もっとゆったりとした気持ちで、「なにか面白いものはないかな……」と、わくわくと探しながら歩くという感じです。

イメージとして近いのは、テレビ番組の「じゅん散歩」や「ブラタモリ」です。

高田純次さんにしろタモリさんにしろ、集中力を高めて、アスリートのように散歩しているわけではありません。ぶらぶら歩いていながら、町の面白い部分、変な部分をすかさず見つけたり、そこで暮らす人とも交流しながら、「面白ポイント」を楽しんでいます。

あれは、とてもマインドフルな散歩スタイルだと私は思っています。

「この喫茶店はずいぶんレトロだけど、何年くらいやっているのかな……」と考えてみたり、商店街を通るときなら「コロッケが美味しそうだな」「この金物屋さんは、何でも売っているみたいだ」と感じながら歩く。

そんな散歩スタイルを、ぜひ実践してみてください。

ただ漫然と(あるいは、もくもくと)歩いているのとは違った世界が見えてきますし、自分自身の気分も変わってくるものです。

「孤独のグルメ」に学ぶ「マインドフル・イーティング」

ちょっと横道にそれますが、最近はこうした「お散歩番組」のほかにも、「孤独のグルメ」「ワカコ酒」のような、美味しいものを食べたり、美味しいお酒を飲んだりする行為にスポットを当てて、その体験を心の声で描写していくというスタイルのテレビドラマや映画が人気を集めています。

私から見れば、これらは非常にマインドフルなプログラムです。まさに**「マインドフル・イーティング」**といったところです。

「孤独のグルメ」や「ワカコ酒」にしても、出された料理やお酒について、見事なまでに集中して、「今、ここ」を楽しんでいます。

「この麻婆豆腐のしびれるような辛さが舌に直撃してきて、たまらない！」とか、

「この焼き鳥の焼き加減、もも肉のジューシーさは最高だ」「ビールに合う！」なんてことを心の中で叫びながら食べています。

あそこまでドラマチックな感想ではないにしても、**食べることに集中して、小さな味の変化を楽しみ、心の中で言葉にするというのは実にマインドフルです。**

考えてみれば、本書で紹介した世界トップのビジネスパーソンが、「一度の食事をしっかりと味わい、楽しんでいる」というのと共通する部分は多いのではないでしょうか。

もちろん、食事自体が豪華である必要はありませんし、上手な食レポも不要です。**一回一回の食事をもう少していねいに、しっかりと味わってみる。そして、それを言葉にしながら食べ進めていく。**それだけで十分だと思います。

食事の時間そのものがマインドフルな休息になれば、上手に脳の切り替えができるようになり、脳疲労も軽減されていくはずです。

「孤独のグルメ」に学ぶ「マインドフル・イーティング」。ぜひ、みなさんも試してみてください。

実践編

第5章
自分を慈しむ

20

お風呂でていねいに自分をケアする

「自分を慈しむ」というのは、自分の内側に注意資源を向けることであり、**禅の精神である「ていねいに生きる」ということにもつながっていきます。**

この「自分を慈しむ」ということを、ぜひ休息法の1つとして、意識して日常の中に取り入れていただきたいと思います。

具体的なやり方

まずおすすめするのは、「お風呂の中で自分をていねいにケアする」という方法です。

湯船に浸かったら、身体の表面が温まってくる感覚をていねいに感じ取ります。

その後、手足の指先がじんわりと温まってくる感覚や、身体の芯がゆっくりと温まってくる感覚を感じてください。

すると、汗がじっとりとにじんできて、流れ落ちる。

……そんな様子をゆっくりと観察し、感じることが、まずそれ自体、自分を慈しむことになります。

湯船から出て身体を洗うときも、**おざなりにざーっと洗うのではなくて、しっかりと泡を立て、身体のすみずみを意識して、ていねいに洗います。**

みなさんも、大事にしている靴やバッグはしっかりと汚れを落として、ていねいに磨くでしょう。

それと同じように、自分自身の身体も大事に、ていねいに扱ってあげていただきたいのです。そうやって**自分を大切にすることが「自分を慈しむ」ということであり、自己肯定感を高めることにもつながります。**

洗顔でもマインドフルネス

ちなみに、資生堂では肌とともに心理ストレスをも癒す新しいスキンケアの提案として、**「マインドフルネス洗顔」**を推奨しています。

簡単にご紹介すると、しっかり泡立てた濃密泡を使って、泡の触れ心地に意識を集中しながら洗顔した場合、きめの粗いシャバシャバの泡での洗顔に比べて、自律神経にどのような違いがあるのかを検証しているのです。

マインドフルネスの分野において、日本の第一人者のお一人である熊野宏昭・早稲田大学教授とが共同で行った研究として、**「シャバシャバ泡よりも濃密泡で洗顔したあとの方が、イライラや焦りの気持ちが少なく、リラックスできている」**ということが、学会でも報告されました。

これは、非常に興味深い取り組みだと思います。

「マインドフルネス洗顔」の効果

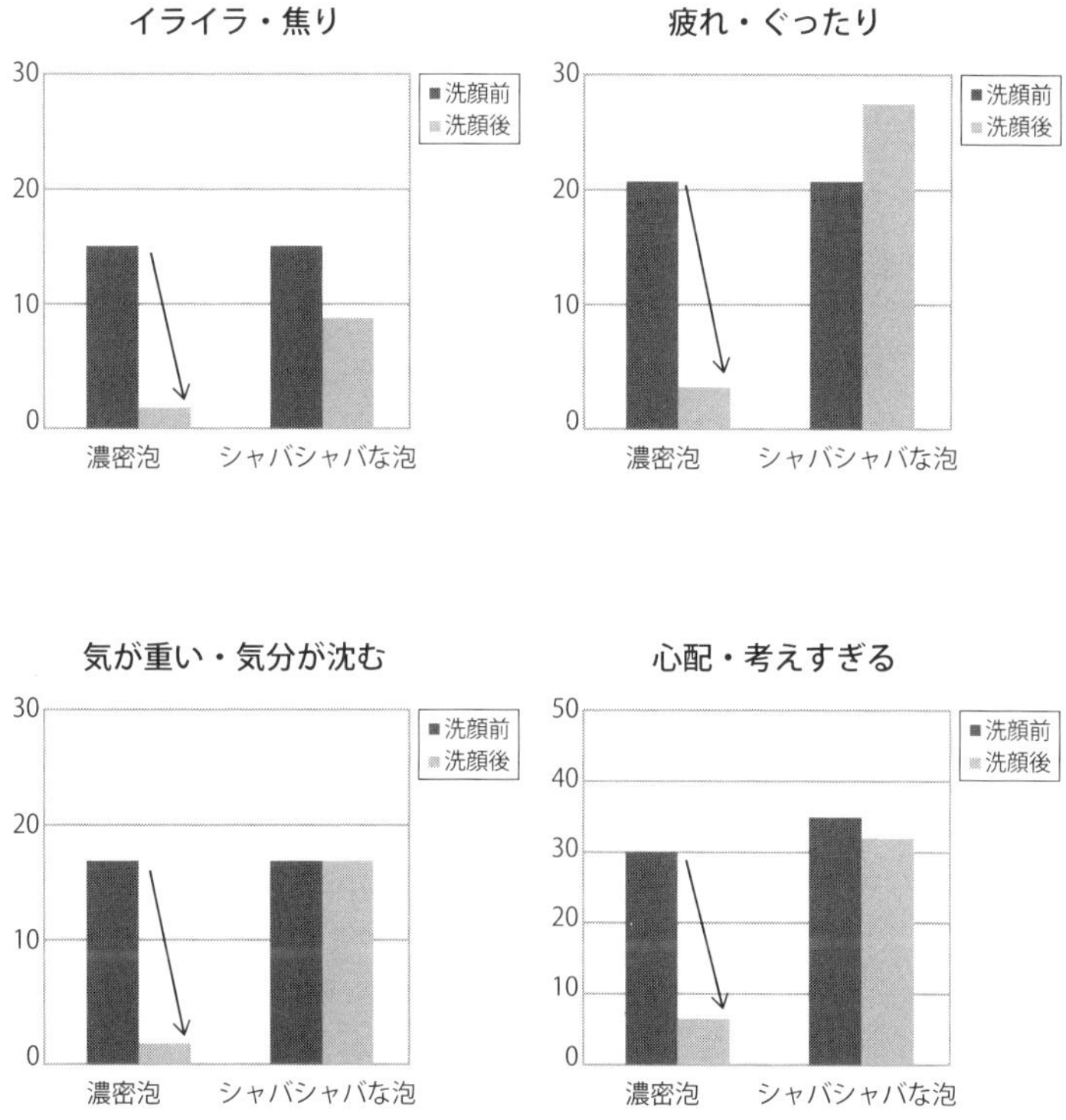

資生堂「専科」〈「働く女性のストレスと美容」に関する調査〉2016年

資生堂は化粧品メーカーですから、「どんな泡がいいのか」というところにも着目しているわけですが、禅僧である私から見ると、やはり**「ていねいに洗顔している」という点が非常に効果的**なのだと感じます。

まさに、「自分を慈しむ」「自分をていねいにケアする」というところがマインドフルネスなのであり、その結果として、イライラや不安が解消、軽減されたり、よりリラックスした気分になれているのだと思います。

日々の生活の中で、「自分をていねいにケアする」というタイミングはそう多くはないと思います。お風呂に入ったときくらいは、ぜひゆっくりと自分をケアしてあげてください。

「自分に手間ひまをかけた」という実感こそが、自己肯定感を高めてくれる大事な要素なのです。

21

「歯磨き瞑想」をする

多くの人が朝と晩、人によっては昼にも歯磨きをすると思います。
その歯磨きをていねいに行う――簡単に言えば、それが「歯磨き瞑想」です。

具体的なやり方

歯ブラシが一本一本、歯や歯ぐきに当たる感覚を意識して、歯の表面や歯と歯の間、裏側などが「きれいになっているかな」と感じながら歯磨きをします。

お風呂のときと話は同じで、自分に手間ひまをかけて、ていねいにケアすることが大切です。

もちろん、「これから歯磨き瞑想をするぞ！」と変に瞑想を意識する必要はありません。瞑想を意識するというより、「歯磨きに集中する」ということを大切にしてください。

歯医者さんのなかには、タイマーを用意して「3分以上、ていねいに、しっかり磨きましょう」と指導する方もいますが、ここでは、そういった「虫歯予防」だけを目的としているのではありません。

「決まった時間、しっかり磨く」ということに加え、**意識的に「歯磨きに集中し、自分をていねいにケアすること」**が目的です。

マインドフルネスは、「効率化」の対極にあるもの

「歯磨き瞑想」「ラーメン瞑想」などにも共通しているように、そもそもマインドフルネスというのは「回りくどいこと」ばかりです。テキパキとやればすぐに終わってしまうものを、**あえて時間をかけて、じっくりと味わいながらやる。**

このようにマインドフルネスとは、本来的に効率を求めないものです。

「効率を求めない」「あえてゆっくり、回り道をする」ということは、現代人に必要な要素なのだと私は思っています。

あらためて言うまでもなく、現代は効率と生産性を追求する社会です。

移動時間にはスマホやパソコンでメールチェックをしますし、知らない場所へ行くときには、乗り換え検索をするのは当たり前。スマホの地図アプリを見ながら最短時間で移動するのは、もはや常識という人も多いでしょう。

こうした「効率化」が、私たちの生活を便利にしてくれていることは間違いありません。

しかしその一方で、**進みすぎた効率化が私たちの脳疲労を引き起こし、ゆとり**

や癒しを奪っているという側面も忘れてはいけません。

いま、マインドフルネスや禅が注目され、ブームになっているのは、その「揺り戻し」の表れではないでしょうか。

実際、主催者にスマホを預け、スマホなしで街や自然の中を歩き回るスタンプラリーの企画が人気を博していますし、わざわざスマホやパソコンを置いて、旅行、バカンスに出かける人も少なくありません。いわゆる「デジタル・デトックス」として知られる、IT時代ならではの遊びのあり方です。

このように、あえて不自由や非効率を求める人も増えているのです。「不自由さのなかに真の自由」を見出し、そこに癒しや再生を求めているともいえるでしょう。

「便利、効率、最短」を追求することも大事ですが、時には「不便、手間、遠回り」を意図的に取り入れて、ゆったりとした時間を過ごすことも大事な休息法の1つなのです。

22

自分だけの時間をつくる

具体的なやり方

やり方というほど、特別なノウハウがあるわけではありません。自分一人で、自分のためだけに使える時間を意識的に確保する――そんな休息法の提案です。

「一人の時間」「自分のためだけの時間」というのは、**日常の連続性をいったん遮断し、気持ちや身体をリセットし、切り替えることができる**という意味でもとても貴重です。

本当に忙しい人なら、**週に一度、1時間でもいいから一人でカフェに行き、ゆ**

つくりとコーヒーを飲む。そんな時間をつくることをおすすめします。
まさに、「ごほうびタイム」です。

どこで、どんな過ごし方をするかは本人の自由。図書館へ行って好きな本を読みながら、独特のひんやりした空気や、室内を漂う本やインクの香りを味わうのもいいでしょうし、散歩をしながら季節のうつろいを楽しむのもいいでしょう。

先にご紹介した「お風呂の中で自分をていねいにケアする」というのも、実は「一人の時間」「自分だけの時間」。女性なら、夜、お風呂の後や洗顔後にお肌の手入れをすると思いますが、それもまた「自分のために使う大事な時間」なのです。

そういう時間を意識的に確保して、ていねいに過ごすだけでも、リフレッシュ効果は違ってきます。

子育て中のパパ・ママこそ、自分を慈しむ時間を

忙しいビジネスパーソンはもちろん、子育て中のパパ・ママも、「24時間、休みがない」という状態が続いていて、「一人の時間」なんてほとんど取れないという方も多いのではないでしょうか。

実は近年、心療内科クリニックを訪れる患者さんに、小さなお子さんを持つお母さんがとても増えているのです。旦那さんは仕事が忙しく、お母さんは一人で子どもの養育を背負い込んで、心の健康を保てなくなってしまったケースが大変多く、心配でなりません。

核家族がスタンダードのこの時代、家に残って一人育児に励む若いお母さんたちにとって、相談できる人、頼れる人も少なく、孤独な奮闘を続けなければならない日々なのだと痛感しています。

旦那さんも、決して非協力的なわけではありません。奥さんや子どものために、何かしてあげたい。育児や家事にも積極的に協力する、という意志を持った方もたくさんおられます。

ところが、そうした働くお父さんたちの体力、気力が続かないという事態が深刻です。

景気は少しずつ回復傾向にあるとされる昨今ですが、「ブラック企業」の問題はあとを絶たず、働く人たちの環境が改善されているとは言い難い状況。夜遅く帰宅して、残されたわずかな力を振り絞って、子どもをお風呂に入れたり、洗い物を手伝ったりしています。

そんななか、奥さんは一日のほとんどを家事と育児に割かれることで、たまりにたまったストレスのはけ口を、どうしても家でただ一人の自分以外の大人、そう、旦那さんに求めてしまうのです。

心身ともに疲れ切ったママと、心身ともに疲れ切ったパパ――こんな二人の言い争いや、言葉には出さずとも二人の間にただよう冷ややかな空気を、幼い子どもたちは敏感に察知しています。

親の「ため息」ひとつで、子どもは「お母さんに無理をさせちゃいけない」「お父さんの前では、いい子でいなくちゃいけない」と察し、ワガママを言わない子、いや言えない子になってしまうことだってあるのです。

したいことを「したい」と言うのは、子どもが生き生きと育っている証です。しかし最近は、幼いころから周囲を気にして空気を読む、大人びた子どもが多くなっていることがとても気になります。

子どものときに、子どもらしくのびのびと過ごすことができなかったことで、10年後、20年後、大人になってから、さまざまな心の問題が発生するというケースを数多く経験してきたからです。

私には、追い込まれた状況で育児に向き合う、お母さん、お父さんたちの心の叫びが聞こえてくるようです。彼らの「心の休息」は、もはや現代の最重要課題といってても過言ではない、ひっ迫した状況なのです。

だからこそ、できることなら、**月に一度や二度でもいいので、実家のご両親や、信頼できる友人、もしくはベビーシッターさんに子どもを預けて「自分だけの時間」、あるいは「夫婦二人だけの時間」を過ごしてほしい**と私は思っています。

まず自分を慈しみ、そして家族を慈しむ

海外では、たまに子どもをベビーシッターに預けて、夫婦二人でお芝居を観に行ったり、レストランでゆっくりディナーを楽しむのもよく見られる光景です。

文化や風習の差はもちろんありますが、そうやって「自分たちにとって楽しい時間」「リフレッシュできる機会」を持つことが、本当の意味で子どもに愛情を注ぐために必要だという考え方です。

自分を慈しむことができるからこそ、パートナーや子どもを慈しむことができるということを、どうか覚えておいてほしいと思います。

もちろん、子どもに愛情を注ぐために、親の方がもっと余裕を持たなければと、強制的に遊びに行く必要はありませんが、ほんの少しでもいいので、親自身が「自分だけの時間」を持つのは、とても大事なことです。

お芝居を観に行ったり、レストランへ行くのが難しいとしても、休日の時間の過ごし方を少しだけ工夫することで、「ごほうびタイム」「自分のためだけの時間」をつくり出すことはできます。

たとえば、**お茶を飲むのなら、お気に入りのカップを用意して、ていねいに時間をかけてお茶を淹れる。そして、照明を少し落とし、気分が安らぐアロマを焚く。**

あるいは、子どもが寝静まったあと、ベランダに出て、夜風に当たりながら深呼吸をして、ゆっくりと星を眺めるのもいいでしょう。

そんな小さなことでもいいので、「自分だけの時間」をつくり、自分を慈しむ。

それだけでも脳疲労を軽減させ、心と身体をリセットすることができますので、ぜひみなさんも取り入れていただきたいと思います。

実践編

第6章

身体を動かす

23

「歩く瞑想」をする

ここからは、身体を動かすことによって休息する方法を、いくつかご紹介したいと思います。

最初に取り上げるのは「歩く瞑想」です。

具体的なやり方

「歩く」という行為に集中し、シングルタスクにする休息法です。
歩くという行為を分解してみると、

1 後ろ足のかかとが上がる
2 後ろ足のつま先が上がる
3 その後ろ足が前に移動してくる
4 その足が（前足として）着地する

という行為の繰り返しです。

この4つのアクションをしっかりと意識しながら、ていねいに感じながら歩く
——これが「歩く瞑想」です。

腕は前に組むか、後ろに組んでおいて、腕を振ることに意識を向けず、とにかく足の運びや、足の裏の感覚に意識を集中させるのがポイントです。

ただし、4つの行為があるからといって、「1、2、3、4」とかけ声をかけたり、心の中でカウントするのはタブーです。それでは行進になってしまい、瞑想ではなくなります。

「歩く瞑想」のやり方

1　腕を組み、足の裏に意識を集中させる

2　次の４つの動きを意識しながら、ゆっくり歩く

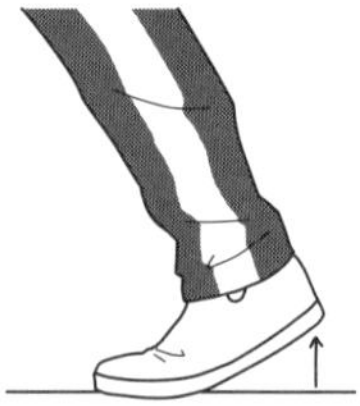

①　後ろ足のかかとが上がる

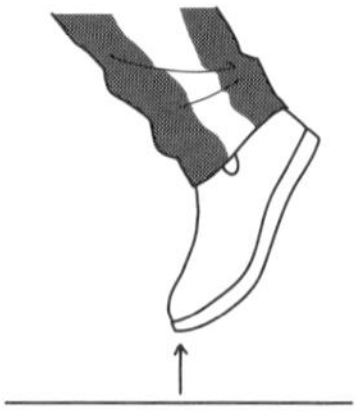

②　後ろ足のつま先が上がる

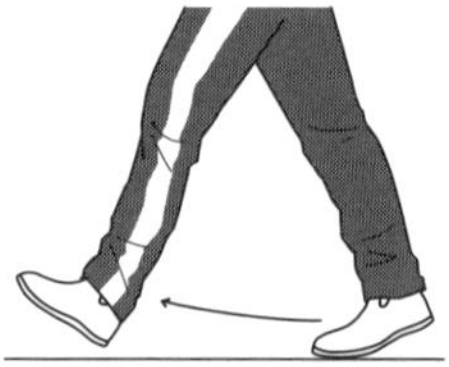

③　その後ろ足が前に移動してくる

④　その足が（前足として）着地する

あくまでも、「歩く」という行為に意識を向けるマインドフルネスです。

ただ、「歩く瞑想」はあくまでも瞑想なので、移動する際に行うのは不向きです。毎朝、駅までの道のりで「歩く瞑想」を実践しようとするのは、現実的ではありません。

家の廊下でも公園でも、河川敷や砂浜など、場所はどこでもかまいませんが、「移動」というよりも、「歩く」という行為そのものに集中していただきたいのです。

極端なことを言ってしまうと、**5歩だけでもかまいません**。

時間を決めるのではなく、ただ純粋に、足の運びに意識を集中させ、シングルタスクにする。それさえ守れば、5歩でも100歩でも、1分でも10分でも、かまわないのです。

こんな場面におすすめ

「呼吸瞑想」と同様、「歩く瞑想」も、**緊張している場面で気持ちを落ち着かせたいときに行うととても効果的**です。

たとえば、**人前で話す前に5歩だけ、ゆっくり歩いてみる。**それぐらいわずかなシングルタスクの時間を持つだけでも効果があります。

ただし、普段から「歩く瞑想」の練習をして、そのやり方になじんでいないと、いざ緊張した場面でやろうとしても、なかなかうまくいきません。

そういう意味でも、普段からすき間時間を使って「歩く瞑想」をやっておくことが大切です。

24 すき間時間に「階段瞑想」をする

具体的なやり方

やり方そのものは、「歩く瞑想」とほぼ同じ。それを階段でやるだけです。

1分でも3分でもいいので、**自分の身体がどう動いているのか、重心がどのように変化し、どの筋肉に加重がかかっているのかなどを感じながら階段を上り下りします。**

平地を歩いているときとは違って、上りであれば太ももやふくらはぎ、お尻のあたりの筋肉への負担、加重を感じるでしょうし、下りのときには、足の運び、重心のか

「階段瞑想」のやり方

1　階段の前に立つ

2　太ももやふくらはぎの筋肉、重心の移動に意識を向ける

3　すぐ息が上がるようなら、体調不良のサインかも……

かり方も変わってきます。

そんな上りと下りの変化をていねいに感じ取るのも、「階段瞑想」では大事な要素の1つでしょう。

ビルの階段は、意外な「瞑想スポット」

オフィスビルの階段は、けっこう穴場の「瞑想スポット」です。

エレベーターを使う人が多いので、階段はほとんど人がいなくて集中しやすいですし、少し暗くてひんやりしているのも瞑想には最適な環境だといえます。

昼休みでも仕事の合間でも、いわゆる「すき間時間」に階段をちょっと上って、下りてくる。それだけでも、とてもいい「切り替え」になります。

お昼ごはんを外で食べてきたら、普段はエレベーターを使うところを、階段を使って瞑想しながら上ってくるのもいいでしょう。

筋トレではありませんから、「オフィスのある6階まで階段で行こう！」と気合いを入れる必要はありません。

どこまででもいいので、とにかく無心で、身体の内側の感覚に意識を集中させて階段をゆっくり上る。その結果、2階までもいいですし、それが4階になってもいいのです。

平地を歩くのに比べて、階段を上るのは肉体的にもきついので、その分、**自分のコンディションに気づきやすいというメリットもあります。**

「今日は、ちょっと階段を上るだけで息が上がってしまうな。体調、いまいちだな……」とか、「今日は調子がいいから、筋肉の負担をあまり感じないな」など、その日によって得られる感覚も違うでしょう。

そんな**自分の内側で起こっている変化に気づいてあげる。そして、その時の体調に応じて負荷を調節するようにする。まさに、自分に対する慈しみの姿勢であり**、これこそが最も大事なことです。こうやって日常的に、自分の内側に注意資源を向けておくのも、効果的な休息法の1つなのです。

25 「スロージョギング」で、自分の内側に意識を向ける

具体的なやり方

歩くのと同じくらいのスピードで、とにかくゆっくり走る。それが「スロージョギング」です。

実際、街でスロージョギングをしていると、トレーニングウェアを着ている私の方が、普段着で普通に歩いている人に抜かれるということがよく起こります。しかし、それでいいのです。

学生時代、私は陸上部（私の高校、大学では「競走部」という名称でした）だったのですが、基礎練習の1つに「LSD」（Long Slow Distance）という「時間も、距離も長く、ゆっくり走る」というものがありました。

これにより、心肺機能が高まったり、持久系のいわゆる「赤い筋肉」（瞬発系は白い筋肉）が鍛えられます。陸上部の選手たちが、隣で声を出しながらジョギングする野球部員よりもゆっくり走っているのですから、なんとも不思議な光景でしたが、これはこれで大きな意味があるのです。

ここでご紹介したいのは、そういった専門的トレーニングのメソッドを休息法に応用した、マインドフルネスとしてのスロージョギングです。

ゆっくり走りながら、自分の内側の筋肉や呼吸を意識すること、そして足裏から感じる地面の固さ、柔らかさ、凹凸などをていねいに観察することがポイントです。

そういう意味では、アスファルトの上を走るのもいいですが、たまには土の上、芝生の上、落ち葉が敷きつめられている公園の遊歩道など、足裏の感覚の変化を味わいながら走るのもおすすめです。

「歩く瞑想」や「スロージョギング」の医学的効果

脳科学的に人間が「やる気になる」状態とは、セロトニンやアドレナリンという、いわゆる「やる気ホルモン」が分泌されている状態ということになります。

さらに近年注目されているのが、脳細胞の再生、修復に大きな役割を有する**「栄養因子」**の存在です。脳内で「BDNF」（脳由来神経栄養因子）というタンパク質が分泌されて、脳神経や中枢神経の再生や成長を司っているということが分かってきました。

そしてうつ病になると、この「BDNF」が枯渇してしまい、やる気、元気が出なくなってしまう——というメカニズムが知られるようになったのです。

実は、歩いたり、スロージョギングをしたりすることで、「BDNF」の分泌が促進されることは医学的にも証明されています（286ページA）。

その効果をさらに高めるのに有効なのが、マインドフルネス。すなわち、「シングルタスクで行う」ということです。

何かを考えながら、歩いたり走ったりするのではなく、その行為に意識を集中させて行った方が効果が高いのです。

事実、**マインドフルな「歩く瞑想」「階段瞑想」「スロージョギング」をすることで、うつの症状が軽減されたとか、メタボリック症候群に対する効果も認められた**など、いくつもの効果が科学的に証明されています（286ページB）。

逆に言えば、**「ながら」だと効果が下がってしまう**ということです。

音楽を聴きながら歩いたり、スロージョギングをすることで気分が乗ってくることもあるでしょうから、必ずしもそれが悪いとは私は思っていません。

ここでおすすめしたいのは、たとえば「音楽を聴きながら走る」というのを20分やったのなら、残りの10分、20分はマインドフルなやり方に変えてみるなど、ちょっとした工夫を加えることです。

そうやって上手に組み合わせをすることで、気分のリフレッシュにもなりますし、脳疲労を軽減する効果も期待できます。

正しく理解したうえで、自分なりに工夫しながら上手に休息する——これこそ、本書で私が伝えたい一番大事な部分です。

26

水中で、日常とは異なる感覚を味わう

具体的なやり方

「歩く瞑想」を水中でやる――それだけのことなので、とりたてて特別な方法はありません。

水の中では浮力が働きますから、膝や腰などが悪い人、お年寄りなどでも簡単にできるという大きなメリットがあります。

その一方で、地上とはまったく異なる水の抵抗もありますし、底を蹴るにも滑ってしまって、なかなかうまく蹴り出せません。そういう意味では、地上の歩行とはまるで違う筋肉の使い方をするエクササイズとしてもすぐれています。スポーツジムに通っている方、近くにプールがある方などは、ぜひ水中歩行を試してみてください。

もちろん本書では、マインドフルネスとしての効果を狙いたいので、**地上とは異なる重力、浮遊する感じ、水の冷たさ、抵抗など、自分の内側の感覚もていねいに感じながら実践してみてください。**

「スラックライン」をマインドフルに楽しむ

「水の中を歩く」のと同様、地上とは違った感覚を味わうという意味では、「スラックライン」も楽しみながらできる、おすすめのマインドフルネス実践法です。

アメリカにある曹洞宗国際センターで長年、坐禅指導をされてきた、禅僧の藤田一照さんから教えていただいて知りました。

太い木と木の間に、ガムテープくらいの太さの強靭なテープをピンと張って、その上を歩くというものです。「スラックライン」でネット検索してみると、いろんな画像や動画を確認することができます。

熟練者になると、そのテープの上で弾んでみたり、アクロバティックに回転したりするのですが、素人はその上に立つだけ、歩くだけでもひと苦労です。

私も最初は、テープに乗った瞬間から膝の下がグラグラと揺れて、すぐに落ちてしまったのですが、だんだんとコツをつかみ、集中するようになると、自然と力が抜けて歩くことができるようになっていきました。

雑念を捨てて集中すると、自然に身体の力が抜け、全体のバランスが取れて歩けるようになるなんて、まさにマインドフルネスそのものです。一照さん直々にアドバイスいただいた、「乗ろう乗ろうとがんばるとうまくいかない。スーッと自然に、ただ紐の上にいる感じが大切です」というお言葉が、このアクティビティだけでなく、人生に対する禅の教えそのものであると、大変感銘を受けました。

初心者や高齢者の方に、いきなり「スラックラインをやりましょう」と言うのはやや危険で難しいので、運動会の綱引きで使うような太い綱を1~2メートル買ってきて、床に置いた状態で**「綱の上を歩く」**というエクササイズをおすすめしています。最初は綱が回ってしまって難しいので、そこは十分に注意していただきたいのですが、集中するとだんだんと上手に歩けるようになってきます。

そんな日常とはちょっと違った感覚のエクササイズを、休息法の1つとして取り入れてみても面白いと思います。

27 簡単なストレッチをする

ここでは、自宅やオフィスで簡単にできる効果的なストレッチをいくつかご紹介していきます。

そもそも、なぜストレッチは身体にいいのか。そんなメカニズムについて、先に簡単に触れておきたいと思います。

身体を伸ばす、すなわちストレッチをすると、一時的にその部分の血流が増加します。

血流がよくなると、その部分にたまっていた乳酸などの疲労物質が、血流に乗って流れていきます。疲労物質はその後、酵素などの働きにより、さまざまな経路を経て代謝され、無毒化されるという仕組みになっています。

また同時に、血流に乗って酸素や栄養（糖質など）が送られてくるので、その部位が活性化する。そうやって疲労が回復していくという構造になっているのです。

ちなみに、本書ではマインドフルネスによって脳疲労を軽減する話を何度もしていますが、そもそも**マインドフルネスは自律神経系の働きを調整し、リラックス神経である副交感神経を高める効果が認められています。**

副交感神経が活性化すると、末梢血管が広がり、それだけ末梢の血流がよくなります。血流がよくなることで、手先、足先などの冷え性が改善されますし、身体の凝り、張りなども軽減されます。

つまり、**マインドフルネスというのは、身体の直接的な疲労回復にも役立つ休息法**なのです。

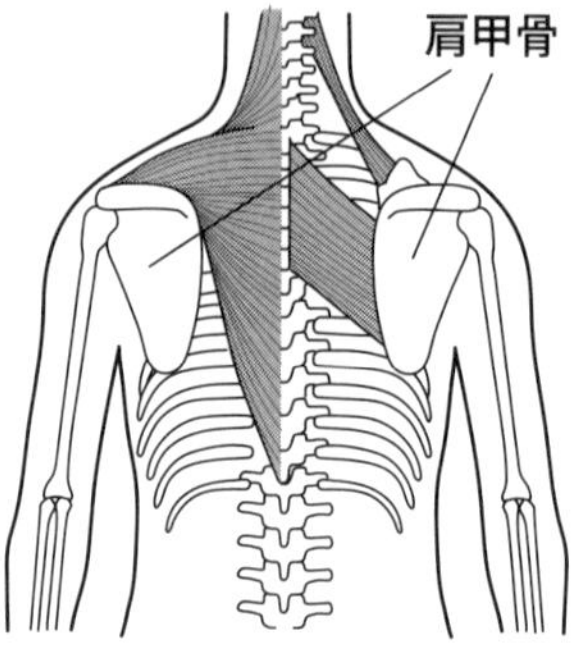

具体的なやり方

さて、ここからは簡単にできるストレッチを紹介していきます。

最初におすすめしたいのは、**「肩甲骨を伸ばすストレッチ」**です。肩甲骨には多くの筋肉がついているので、ここを伸ばすのはかなりの効果が期待できます。

まず、両腕を開き、ひじを後ろに引っ張るようにして、ぐーっと肩甲骨どうしをくっつけます。

「肩甲骨を伸ばすストレッチ」のやり方

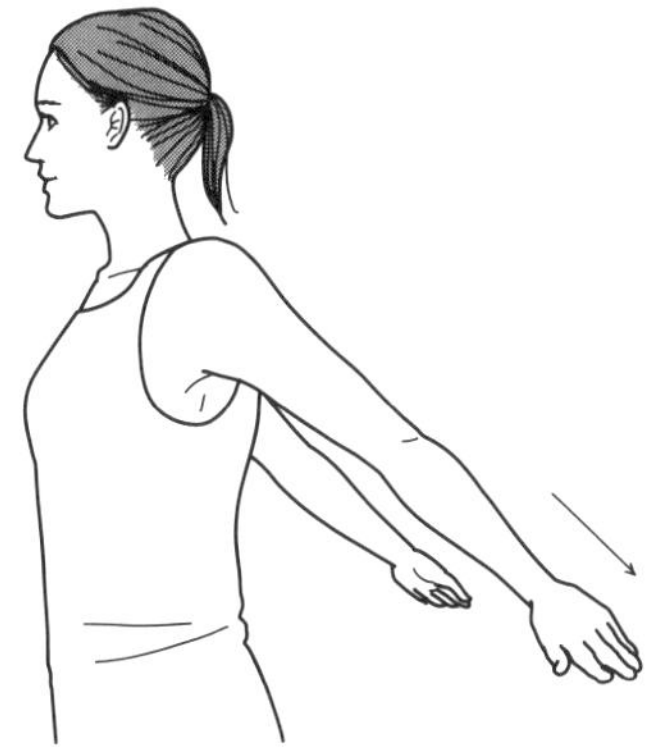

1　両腕を開き、ひじを後ろに引っぱっていく

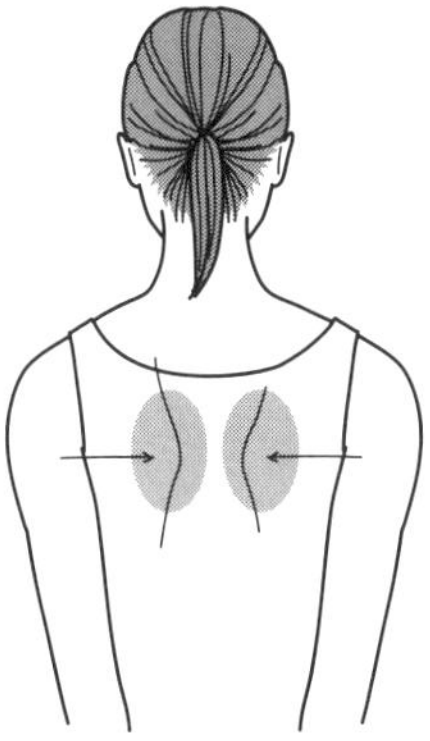

2　ぐーっと肩甲骨どうしをくっつけるイメージで

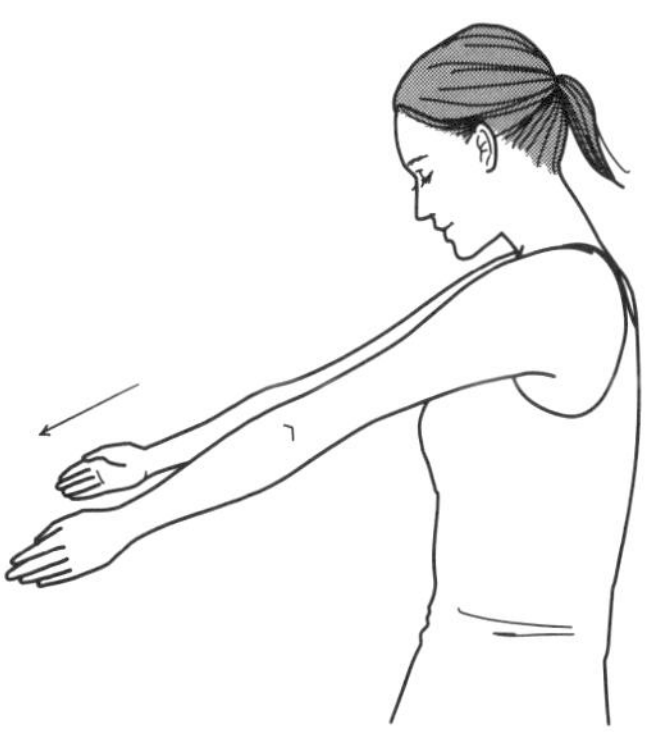

3　今度は腕を前に伸ばして、首をかがめる

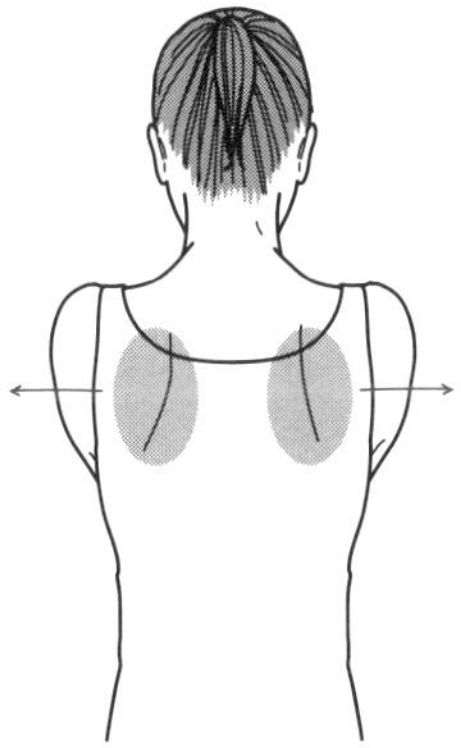

4　ぐーっと肩甲骨どうしを離れさせるイメージで

十分に肩甲骨をくっつけたら、今度は腕を前に伸ばし、首をかがめるようにして、肩甲骨どうしを離れさせます。これを何度か繰り返すことで、肩甲骨周りの筋肉がほぐれてきます。

もう少し上級者には、ヨガの**「鷲のポーズ」**もおすすめです。両方の腕を絡ませるように組み、上下に動かすことによって、肩甲骨周りの筋肉がかなりほぐれます。

このポーズを取ること自体、けっこう難しいのですが、**ポーズを取るだけでも十分なストレッチになります。**

「ヨガ　鷲のポーズ」

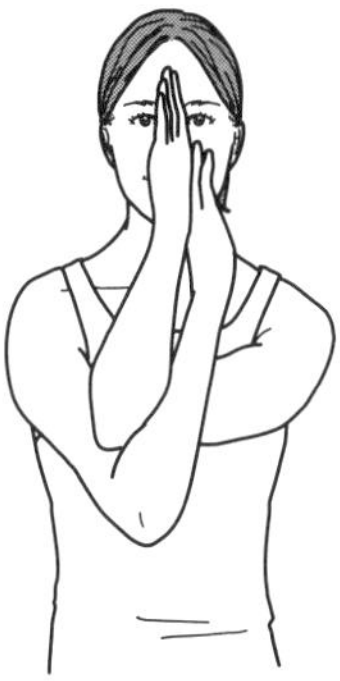

1　両方の腕を絡ませるように組む

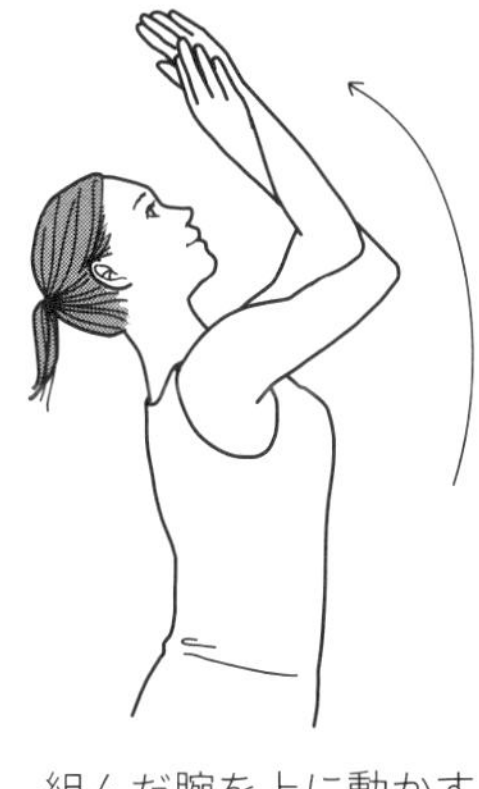

2　組んだ腕を上に動かす

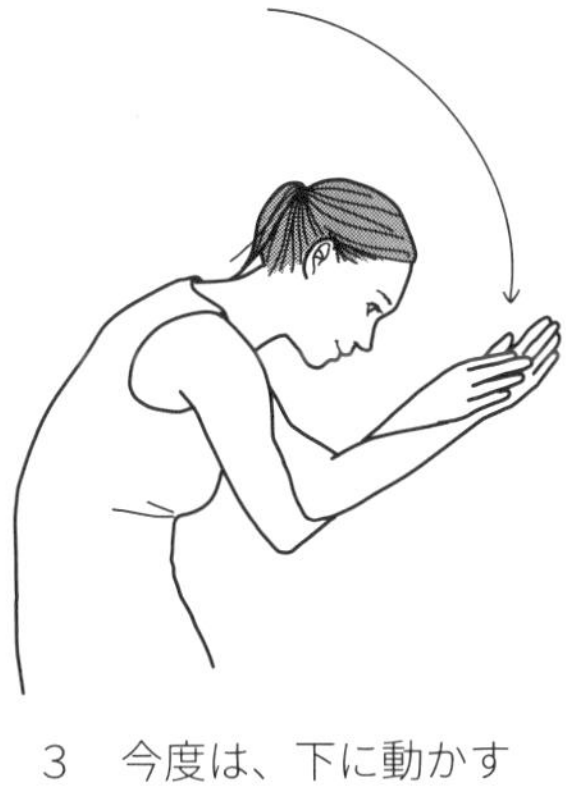

3　今度は、下に動かす

続いて、**「下半身のストレッチ」**もご紹介しておきましょう。

床に座って、脚を前にまっすぐ伸ばし、背筋を伸ばします。

次に、足の甲を伸ばすような感じで、つま先をぐーっと前に出します。

今度は、逆につま先を身体の方に戻す感じにして、ぐーっと足の裏側（ふくらはぎやももの裏）を伸ばします。


これを何度か繰り返すだけで、足先まで血流がよくなって、足のだるさ、むくみなどが軽減されます。**長時間イスに座って作業をする人にとっては、エコノミークラス症候群を予防する効果も期待できます。**

この方法を実践する際は、**猫背にならないように、しっかりと背筋を伸ばす**とさらに効果的です。体勢が苦しい人は、手を後ろについてもいいでしょう。

そんな方は、イスに座ったままでいいので、足を空中でまっすぐ前に出し、あとは同じように足首を伸ばしたり、曲げたりを繰り返してみてください。

それだけでも十分に筋肉がほぐれ、血流がよくなってきます。

「下半身のストレッチ」のやり方

1　床に座って、脚を前に伸ばし、
背筋を伸ばす

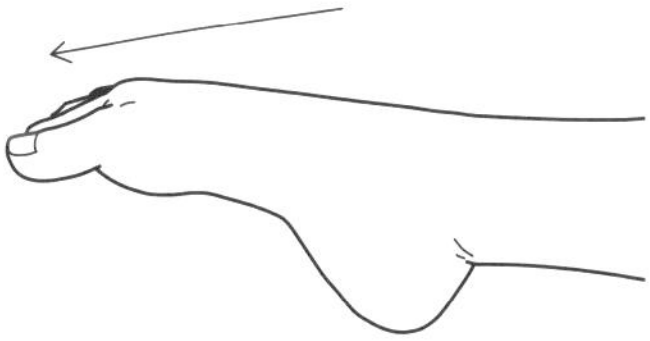

2　足の甲を伸ばしながら、つま先をぐーっと前に出す

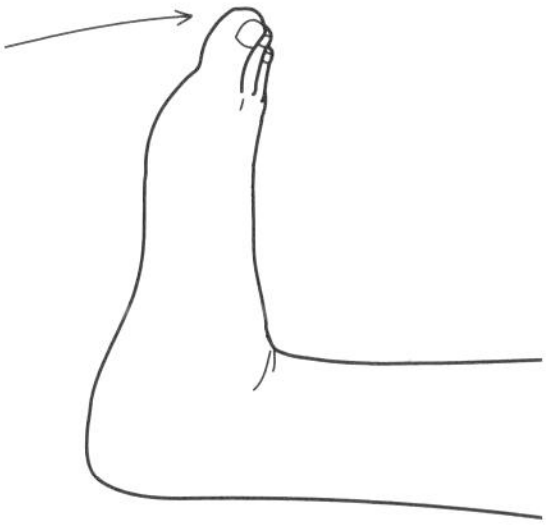

3　逆に、つま先を体の方に向けて、足の裏側を伸ばす

足指の間に指を入れる

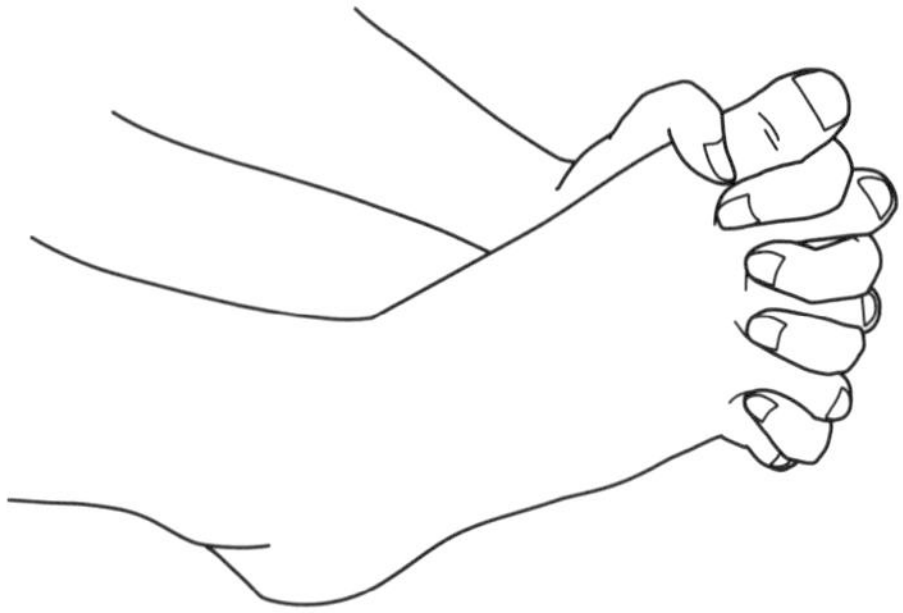

最後に、家に帰って裸足になったら、**「足の指の間に手の指を入れるストレッチ」**も試してみてください。

ふだん、現代人のほとんどは、靴と靴下を履いて生活しているので、足の指を広げる機会が極端に減っています。そこに手の指を入れるだけで、足指の間が広がってとても気持ちがいいものです。

そして、足と手の指どうしが組んだ状態で、数秒間、軽く手を握ってみてください。その後、パッと手を開いて足指を解放してあげると、スーッと足の先まで血流が戻ってくる感覚が分かります。

足先がポカポカと温かくなる感覚も得られるのではないでしょうか。これは、足の先だけお風呂に入ったようなリラックス感を体験できる、おすすめの休息法です。

毎日、20～30秒これをするだけでも、足が随分と楽になるはずです。

28

声を出すことに集中する

具体的なやり方

「声を出すことに意識を集中する」というのは、ふだんなかなかやらないことだと思います。

たとえば、**「あー」と声を出しながら、何秒間続けられるのかチャレンジしてみる。**これも1つの方法です。

今度は、もう少し低い声で「あー」と発声してみて、だんだん高い声を出してみます。すると、自分が無理なく、一番スムーズに出せる音程、トーンが分かってきます。

「声と息」の関係というのは面白いもので、小さな声で発声していれば、それだけ長く息が続くというものではありません。

もちろん全力で大きな声を出せば、息はすぐに途絶えてしまうのですが、自分なりに最も長く発声し続けられる音程、トーンというものがあります。それを探しながら、「あー」と声を出し続けるのもいいでしょう。

自分の耳と骨伝導の両方を使って、ていねいに聴く。これも大事な意識です。

この休息法のポイントは、**注意資源を「声を出す」（声を聴く）ということに集中して、使い切る**ということです。

オフィスや周りに人がいるところはちょっと難しいでしょうから、公園や河川敷などの声が出せる場所、あるいは車の中などでやるのはとてもいいと思います。

日常的に、しっかりと声を出すという場面は案外少ないでしょうから、その新鮮な感覚を楽しむつもりで、ぜひ実践してみていただきたいです。

実は、**野球やサッカーなど、スポーツ観戦の醍醐味の1つが、この大きな声を**

出すことによる、心の疲労回復効果にあります。

私も横浜スタジアムでプロ野球を観戦するのが昔から大好きなのですが、あの場所で一言も発することなく、じっと野球を見ているだけだとしたら、何かもったいないような気がしてしまいます。

スタンドを吹き抜ける夜の海風を肌で感じながら、大勢の観客の一員となって一緒に声を上げて応援することが、大きな心のエネルギーをもたらしてくれると思えてなりません。

意味のない言葉を発声する

ただ「あー」と発声しているだけではつまらないという人は、何かしらの言葉、歌の歌詞などを息が続く限り、読み続ける（言い続ける）というやり方もあります。

私は僧侶なので、ふだんお経を読むのですが、休息法としてもお経を読んだり、般若心経を言い続けたりするのはとてもおすすめです。

ただし、あくまでも「声を出す」ということが目的ですから、**完全に意味を理解している必要はなく、ただ「その言葉を発声している」ということが大切**です。

そういう意味では、アナウンサーや役者さんが練習用に使う「外郎売り」（という歌舞伎の口上の1つ）や「寿限無寿限無……」をひたすら言い続けるのもいいでしょう。

ほかにも、「ポケモン言えるかな？」というポケモンの数え歌があって（ポケモンを知らない人にとっては、ほとんど意味不明な言葉の羅列です）、「声を出すことに意識を集中する」という意味ではむしろ最適です。

「外郎売り」にしろ、「ポケモン言えるかな？」にしろ、ネットで検索すればすぐに出てきますので、興味のある方は試してみてください。

時にはしっかり声を出す――意外と、いいリフレッシュになるものです。

29

自分から笑いかける

アメリカの偉大なる往年の心理学者、ウィリアム・ジェームズの有名な言葉に、「楽しいから笑うのではない。笑うから楽しいのだ」というものがあります。

感覚的には理解できるこの名言、実は現代の研究と実験によって真実であることが証明されています（285ページ）。

ロンドン大学とサセックス大学の研究チームは近年、それぞれこの分野に関する画期的な研究結果を報告しました。2つの報告をまとめて要約するとこうなります。

つまり、**自分が「ニコニコしているとき」と「しかめっ面をしているとき」とでは、物事のとらえ方が変わることが明らかになった**というのです。

仮に相手が同じ普通の表情（無表情）をしていても、こちらが笑っているときには

「少し楽しそうな表情をしている」と感じるのに対し、自分がしかめっ面をしていると、相手まで「不機嫌そう」と感じるというのです。

まさに、「笑うから楽しい」「自分が笑っているから、相手も楽しそうに感じる」ということです。

だから、意識して笑ってみましょう。そうするとあなたの周りからストレス要因が減っていきますよ——というのが、ここでご紹介する休息法です。

具体的なやり方

やり方というほどのものはありません。まずは**一人でいるときに、鏡の前などで笑顔をつくってみる**だけです。口角を上げ、目元を優しくして、ニコッと首をかしげてみる。そんなことでいいと思います。

できることなら、**外に出たときも「できるだけ笑顔でいる」という意識を持っ**

ていただきたいのです。とはいえ、電車の中でずっとニヤニヤしていては、ちょっと不気味になってしまうので、マスクをしている季節なら、マスクの下でこっそり、口元を少し優しい笑顔にしてみるのはいかがでしょうか。

自分が笑えば、世界が楽しく感じられるのですから、本当におすすめです。

そのほか、コンビニで買い物をしたとき、店員さんがおつりを返してくれたときに、ちょっとだけ「ニコッ」と笑顔を見せる。レストランで食事をして、会計をするときに「ごちそうさまでした」と笑顔で言う。

そんなちょっとしたことを習慣にするだけで、自分自身の気分がよくなり、現実に起こることをよりポジティブに受け止められるようになります。もちろん、それだけストレスが減るということです。

1つだけ注意点を挙げるとしたら、いわゆる「貼りついたような笑顔」「顔は笑っているけれど、目は笑っていない」ということにならないようにしたいものです。

そこで有効な方法として、実際に声に出すか、心の中で念じるだけでもよいので、

「ありがとう」とか「今日もいい一日を過ごしてね」といった具合に、温かな言葉をかけてみることをおすすめします。

ていねいに物を扱う

笑顔とは少し違う話なのですが、**「ていねいに物を扱う」**ということも実践していただきたい行動の1つです。

コンビニやレストランの話をしましたが、たとえば会計のときにお金を乱暴に出す人がたまにいるでしょう。ほんのわずかですが、お札や硬貨を投げるように出している場面をときどき私も見かけます。

そのほか、自分のかばんをテーブルやイスにドスンと置いたり、本や雑誌、資料などをバサッと置くなど、行動が少し乱暴な人がきっとあなたの周りにもいるはずです。

本人のくせというか、がさつな性格が行動に表れているだけなのかもしれませんが、心理学的に見れば、その人はやはり心が荒んでいて、不安や怒り、ストレスを抱えていることが想定される行動パターンです。

これも笑顔と同じで、**自分がていねいな行動をすれば気持ちも落ち着いてきます**し、乱暴な行為をすれば、それだけ気持ちもざらついていきます。

だからこそ、普段から意識して「ていねいに物を扱う」。

そういう意識を持つだけでも、自律神経が整い、心も身体も落ち着いてくるものです。

実践編

第7章 コミュニケーションを無毒化する

30

「3段階分析法」で、マイナス感情を無毒化する

この章では、「感情」と「コミュニケーション」をテーマに休息法をご紹介していきたいと思います。

「理論編」でもお話ししましたように、そもそも感情とは、私たちをとても疲労させるものです。

怒り、悲しみなどのマイナス感情に支配されていると、それだけで疲れますし、**その感情があることによって、いつでもモヤモヤした気になるので、何をやっていてもマルチタスクになります。**

また、マイナス感情を抱えていると交感神経が活発になり、夜になってもなかなか眠れないなどの状況になり、さらに疲れが抜けにくくもなります。そうした感情の多くは、やはり他者との人間関係、コミュニケーションによって起こるものでしょう。

というわけで、この章では、いかにして自分の感情と向き合うか、どうすればマイナス感情に振り回されないようなコミュニケーションができるのか、についてお話ししていきます。

感情的にならないコミュニケーション――**「疲労から自由になる」という意味では、これも立派な休息法**であると私は考えています。

具体的なやり方

最初にご紹介するのは**「3段階分析法」。マイナスの感情が起こったときに、「思考」「感情」「身体の反応」という3つに分けてとらえてみる**という方法です。

たとえば、あなたは同僚に嫌なことを言われたとします。

すると当然、「どうして、あんな言い方をするの？」「あいつに、なんで言われなきゃいけないのか」という思いが沸々とわき起こってくるでしょう。

これがまさに「思考」している段階。「嫌なことを言われた」という事実に対して、「自分が考えている」状態です。

そして、その先に自分の中に「感情」が芽ばえます。「腹立たしい！」「むかつく」「悔しい」「情けない」などです。

まずはこのように、**「自分がどのように思考しているのか」「どんな感情を抱いているのか」を分けて整理していきます。**

そして、**3段階目として「身体の反応」を観察します。**

「同僚に嫌なことを言われて、腹が立っている」という状況のとき、「なんだか、ちょっと頭が痛い感じがする」とか、「肩や背中がだるい」「お腹がムカムカする」など、たいていどこかに身体感覚としての反応が出ているものです。

それをていねいに観察し、心の中でいいので、「お腹がムカムカする」「頭が重い感じがする」と言語化してください。これが「3段階分析法」です。

時間と場所が許すなら、「ボディスキャン瞑想」（87ページ）をして、「ていねいに身体の部位を観察する」ということまでできればまさに完璧です。

ここまでいけば、マイナスの感情がかなり解毒されているはずです。「3段階分析法」に「ボディスキャン瞑想」を加えて、「4段階解毒法」と言ってもいいでしょう。

いずれにしても、マイナス感情に振り回されっぱなしになるのではなく、「思考」「感情」「身体の反応」という3つに分けてとらえてみる。おすすめの方法です。

感情や感覚を評価しない

ここで大事にしていただきたいのは、「感情や感覚を評価しない」ということです。

たとえば、「怒りの感情」がわき起こってきたとき、その感情を「よくないもの」「悪いもの」として打ち消そうとすることがあります。「お腹がムカムカする」「肩や背中がだるい」という身体の反応についても「悪いこと」ととらえがちになります。

しかし、本書でお伝えしている休息法すべてに言えることですが、**起こっている事実について「良い・悪い」という評価を下したり、「悪いもの」を打ち消そうとしているわけではありません。**

むしろ、スタンスは正反対で、**大切なのは「気づくこと」と「受け入れること」です。**

マインドフルネスの大前提は、「アウェアネス（気づき）」と「アクセプタンス（受容）」。**仏教の思想でいうならば、「気づいて、手放す」ということです。**

自分の身体の中で起こっている変化や感情に、まず「気づき」、それを「受け入れる」。その段階を経て、初めて「手放すこと」ができるというのが仏教の考えです。

自分の中に「怒り」や「悲しみ」の感情が芽ばえたなら、それはそれでいい。

「自分は怒りや悲しみを感じているんだな」と気づき、それを受け入れる。

「よくない感情だ」と評価したり、「打ち消そう」「なかったことにしよう」と排除する必要はありません。

自分に起こったことを「思考」と「感情」に分けて整理し、それをまずは受け止める。それだけでいいのです。

そのうえで肉体反応をていねいに観察し、「ボディスキャン瞑想」もしていれば、その感情は、いつの間にかスッと手放すことができます。

31

「『……と考えた』技法」をする

具体的なやり方

怒りや悲しみ、嫉妬などのマイナスの感情が芽ばえたら、**意識的に「……と考えた」という言葉を最後につけ加えます。**やり方としては、これだけです。

- **同僚に嫌なことを言われて腹が立った……と考えた。**
- **相手に言い過ぎてしまって落ち込んだ……と考えた。**
- **仕事が全然終わらなくてイライラしている……と考えた。**

・私の言うことがまったく伝わらず悲しい……と考えた。

という感じです。

みなさんは、**「メタ認知」**という言葉を聞いたことがあるでしょうか。

「自分が感じていること」そのものは認知ですが、「自分は今、こんなふうに感じている」と客観的に認知することを、心理学では「メタ認知」といいます。

この「メタ認知」ができれば、それだけで感情が収まっていきますし、少なくともその感情に振り回されなくなります。

無理矢理でも、強引でも何でもいいので、とにかく「……と考えた」という言葉をつけ加えてしまう。私はこれを**「『……と考えた』技法」**と呼んでいるのですが、なかなか効果的なので、ぜひ実践してみてください。

マイナスの感情を「しかたないよね」と受容する

前の項目でも同じような話をしましたが、ここでも実は「起こった感情を評価せずに受容する」というスタンスがとても大切です。

たとえば、「仕事が全然終わらなくてイライラしている」という状況のとき、「怒りたくない」「イライラしたくない」「そんな自分は嫌だ」と評価し、打ち消そうとすると、マイナス感情はよけいに大きくなっていきます。

心理学では、これを**「思考抑制の逆説的効果」**といいます。

その点、**「『……と考えた』技法」がいいのは、「評価しない」というのはもちろん、「とりあえず肯定してあげる」というニュアンスを含んでいるところ**です。

「仕事が全然終わらなくてイライラしている……と考えた」というときには、ぜひ「仕事が全然終わらないんだから、イライラするのもしかたないよね」という気持ちを持っていただきたいのです。

「とりあえず肯定する」とは、そういうことです。

「友だちに言い過ぎた」という状況になってしまったのなら、「いろいろ後悔して、落ち込んじゃうのもしかたないよね」。

まさに、「アウェアネス」（気づき）と「アクセプタンス」（受容）です。

こうやって**自分の心を受容してあげることができたとき、初めてそのマイナス感情を手放すことができるようになる**のです。

とはいえ、最初から「手放そう」なんて意識は持たなくていいので、まずは「……と考えた」という言葉をつけ加えて、「〇〇なんだから、腹が立つ（嫌になる）のもしかたないよね」と自分の感情を受容し、肯定してあげてください。

それだけでも、ストレスはぐっと軽減するものです。

32

相手の「いいところ探し」をする

具体的なやり方

相手のいいところを1つ見つける。やり方としてはそれだけなのですが、「いいところを探そう」というスイッチが入っていること自体がとても大切です。

相手の「ネクタイが素敵だ」「いいかばんを持っている」「話し方が心地いい」「説明が上手」「笑顔がいい」など、何でもかまいません。

どんな相手と向き合っているときも、とにかく「相手のいいところ」を1つ探す。そんなスイッチを入れてコミュニケーションしてください。

そして、その「いいところ」を相手に伝えてあげられたら、それは本当にすばらしいことです。

たとえば、仕事で何かのやり取りをしたあとで、「○○さんの説明、すごく分かりやすかったです」と一言添える。**その一言を添えるだけで、相手はとても気分がよくなりますし、相手の気分がよくなれば、こちらの気持ちも明るくなります。**

相手に認められたいなら、先に相手を認める

SNSの「いいね！」も同じだと思うのですが、相手に「ほめられたい」「認められたい」と思うなら、一番簡単かつ効果的な方法は**「先に相手を認め、ほめること」**です。

有名人、芸能人を別にすれば、SNSでたくさん「いいね！」をもらっている人は、

それ以上にみんなに「いいね！」をしているものです。

SNSで「いいね！」の数を気にしすぎるのにはまた別の問題もありますが、結局のところ、コミュニケーションの基本は、「まず相手のいいところを見つけ、それを伝える」です。

そうやって、みなさんの周りにいる方々を、どんどん「いい気持ち」にさせてあげてください。

それが回り回ってあなたのストレスを軽減してくれますし、ひいてはあなたが気持ちよく生活するための環境を整える最大のコツなのです。

33

ネガティブな話は、「サマライズ」しながら聞く

相手からネガティブな話をされて、精神的に疲弊する……というのもよくあるケースだと思います。

最も分かりやすいのが、上司や先輩に怒られるという場面。このときにぜひ実践していただきたいのが、**「サマライズしながら聞く」**という方法です。

具体的なやり方

「3段階分析法」（232ページ）にも通じるのですが、**とにかく「事実」と「感**

情」を分けながら相手の話を聞くことです。

上司に怒られているとき、「具体的にこういうミスをした」「以前も同じミスがあった」「ミスをすぐに報告しなかった」など、いわゆる「事実」に関する話は当然出てきます。

その一方で、「すごく腹を立てている」「情けないと思っている」など、その人の感情の部分が前面に出てきているところもあるでしょう。

誰に非があるにせよ、ネガティブな話をもろに真正面から受け止めてしまうと、聞いている側の感情も大きく揺さぶられ、心が疲弊してしまいます。

そうならないためにも、**「この人は、こういう事実のために、こんなふうに怒っているんだな」「こういう状況（事実）だから、かなり焦っているんだな」とサマライズ（まとめ）しながら聞くようにしてみてください。**

それだけで冷静になり、感情に揺さぶられなくなるものです。

最高の傾聴とは、「注意」という贈り物を相手に与えること

自分が怒られている場面のみならず、相手の愚痴や悲しかった話、腹が立った話を聞かされるというケースもあるでしょう。

このときも同じで、「目の前の人は、こういう事実によって、すごく悲しんでいる（怒っている）んだな」と、事実と感情をサマライズしながら聞くことをおすすめします。

さらに言うと、**サマライズした内容を「あなたはそういうことをされて、すごく悲しかった（怒っている）んですね」と相手に伝えてあげると、それだけで相手の気持ちも落ち着いてきます。**

こうなると、カウンセリングの技術の話にもなってくるのですが、そもそも**最高の傾聴とは、「私はあなたに注意を向けていますよ」と相手に伝えることだとも**

いわれています。

相手に「注意」という贈り物を与えること——それが本来的な傾聴なのです。

その伝え方として、「事実＋感情」という構造を利用するのは、とても効果的です。

テクニカルなコミュニケーションを推奨するわけではありませんが、事実と感情を整理して受け止め、「私は受け止めましたよ」ということを、相手にきちんとフィードバックしてあげる——みなさんも、ぜひ実際に使ってみてください。

34

「マイナスの言葉」を使わず、「プラスの言葉」をやんわり否定する

古来より日本には、言葉の中に魂が宿る「言霊《ことだま》」という考え方があります。

どんな言葉を使うかによって、自分の気持ち、気分は変わってきますし、気分が変われば、それに伴って身体の調子やコンディションも変わってきます。

それくらい、言葉選びは大事なのです。

そもそも、マイナスの言葉には、引きずり込まれてしまうような強い力があります。

「不幸」「つらい」「嫌い」など、マイナスの言葉を口癖のように使っていると、現実の方がそのイメージに引き込まれてしまうのです。

具体的なやり方

そこでおすすめしたいのが、「マイナスの言葉」を使うのではなく、「プラスの言葉をやんわりと否定する」という表現に置き換えるという方法です。

たとえば、「こんな状況で自分は不幸だ」と言うのではなく、「ちょっと幸せとは言えないな」と言葉を変える。「すごくつらい」とは言わず、「あまりうれしい状況ではないな」と言い換えるのです。

実際に発する言葉はもちろん、心の中で使う言葉も変えてみてください。

そうやって言葉を変えてみるだけで、受ける印象はガラリと変わってくるものです。目の前の「つらい状況」も「あまり喜ばしくない状況」と言葉を変えれば、それだけマイルドな印象になっていきます。

自分以外の誰かがつらい状況にいるときも、「あんまり楽しいとは言えないよね」

「元気いっぱいというわけにはいかないね」と、**「プラスの言葉＋やんわり否定」**という表現を積極的に使ってあげてほしいと思います。

「そうだよね。つらいよね」「落ち込むよね」と言うよりも、状況をマイルドにしてあげた方が相手の気持ちも少しは救われるものです。

できるだけ状況を限定する

もう1つ、言葉の使い方でおすすめしたいのは、マイナスの感情が芽ばえそうなときほど、「状況を限定して表現する」ということです。

何かつらい状況に陥ったとしても、**「今は、自分は楽しくないな」という具合に、「今は」という限定の表現を付加します。**つらい場面に直面しているときも、「こういう状況のときは、さすがに楽しくはないよね」と状況や場面を限定します。

これも自分だけでなく、相手にも同じように接してあげてみてください。

誰かが自分の苦しい胸の内を語ったとしたら、「そういう状況だと、幸せは感じられないよね」「その場面では、あなたは楽しいとは思えなかったんですね」と状況を限定し、かつ「プラスの言葉をやんわりと否定する」という表現をする。

本当にちょっとしたことですが、そうやって**言葉の使い方をていねいに工夫している**と、**自分が直面している「事態の重さ」は変わってくるものです。**

35

言葉が見つからないときは、何も言わない

たとえば、あなたの知り合いが大切な人を亡くして、悲しみに暮れているとき、あなたはどんな言葉をかけますか？

あるいは、友人が重い病気を患い、治る見込みがなく、絶望の淵に沈んでいるとき、私たちはどんな言葉をかければいいのでしょうか？

これは、すぐに答えの出るものではない、たいへん難しい問題です。

お葬式など人が亡くなったときには、「ご冥福をお祈りします」「お悔やみ申し上げます」という定型のあいさつもありますし、遺族との関係によっては「つらいですよね」「お察しします」という言い方をすることもあるでしょう。

しかし、そういった言葉を発したあと、「どうして、あんな言葉しか言えなかった

んだろう……」「なんだか、軽い表現に聞こえてしまったのではないか……」と後悔してしまうことも少なくありません。

具体的な方法

私は僧侶ですから、大事な人を亡くし、嘆き悲しんでいる方々にかかわることを多く経験してきました。そういった方々を前にして、かけるべき言葉が見つからないというケースも、本当によくあります。

私がみなさんにお伝えできることがあるとすれば、「言葉が見つからないときは、何も言わない」ということだと思っています。

無理に言葉にするのではなく、相手の悲しみや苦しみを思い、ただそれを受け止めて、黙っている。何もしてあげられることはないけれど、せめて相手の苦し

みに寄り添って、ただその場に一緒にたたずんでいる――それでいいのだと私は思います。

「何も言えない」ということを伝える

もし、どうしても「何か言わなければならない」という場面であれば、「何も言えない」ということを正直に伝えればいいと思います。

「何も言えなくて、申し訳ありません……」「かける言葉が見つからなくて……」ということを正直に、素直に伝えることが、むしろ最も誠実な姿勢だと私は考えます。

私が僧侶としてお葬式へ行ったとき、たとえば若くしてご家族を亡くされた方にかける言葉など、見つかるはずもありません。そんなときは、「恥ずかしながら、今の私にはおかけできる言葉が何も見つかりません。今日はただ、一生懸命にお経を唱えさせていただきます」としか言えないのです。

悲しみや苦しみに限らず、人間は本当に感極まってしまうと、言葉では表現できなくなるものです。

水泳の北島康介選手がオリンピックで2度目の金メダルを獲得したとき、「何も言えねぇ」と言って話題になりましたが、それが本当なのだと思います。

言葉にならないときは、何も言わないという選択肢。それもあってよいのだと知っておくことは、大切な心がけだと思います。

36

スマホとは「自分のペース」でつき合う

コミュニケーションという領域において、現代人に最もストレスを与えているのはインターネットの存在だと思います。具体的に言うなら、スマホとSNSでしょう。スマホとSNSの普及によって、私たちのライフスタイルやコミュニケーションは劇的に変わりましたが、その波に翻弄され、疲弊している人たちが大勢いるのも事実です。

ここらで一度、スマホやSNSとの「最適なかかわり方」を自分なりに考えておくことも必要だと感じます。

スマホ、SNSがストレスを生む（脳疲労を引き起こす）大きな理由の1つとなっているのが、「相手の都合でアクセスしてくる」という点です。

そもそも人は、自分でコントロールできないものに支配され、強制されることに大きなストレスを感じます。日々、自分ではどうにもできないことを、上司から命令され、強制されながら仕事をするのは、精神的にきついでしょう。

スマホ、SNSも同じことで、通知機能、お知らせ機能というのはたしかに便利ではあるのですが、その反面、相手の都合でアクセスしてくるという「コントロール不能」な感じが、けっこう大きなストレスになっているのです。

具体的な対処法

それに対する対処法は簡単です。まずは、通知機能をオフにして、アクセスするタイミングについて「自分なりのルール」をつくることです。

1時間に1回、SNSやメールをチェックする。たとえば、そんなルールです。

あるいは、仕事や食事をしているときは音もバイブもオフにして、スマホをかばんの中にしまっておく。これも1つのルールでしょう。

そうやって、**「自分のタイミングでアクセスする」「自分でコントロールする」ということを習慣にすると、それだけストレスは減ります。**

スマホやSNSへの依存度が高い人は、最初はなかなかうまくいかないでしょうが、少しゆるめのルールをつくって、少しずつ自分なりのペースをつかんでいっていただきたいと思います。

SNSに振り回されるのではなく、「自分でコントロールできている」という実感が持てるようになれば、それだけ自己肯定感も上がっていきます。

実践編

第8章
「小さな変化」を取り入れる

37

いつもと「少しだけ違う行動」を取る

本書もいよいよ最後の章になりました。この章のテーマは **「小さな変化」** です。脳疲労を軽減させるには「切り替え」が大切という話は、これまでも何度かしてきました。**日々の生活の中でも、上手に切り替えができる人はそれだけ脳疲労を抱えることなく、いつでもフレッシュな気持ちでいられます。**

「仕事帰りに食事に行く」という場面でも、仕事を忘れて思いっきり食事を楽しめる人は、脳疲労をためにくい人です。切り替えが上手な人は、「シングルタスクになりやすい人」とも言い換えられます。

そんな「切り替えの達人」「いつでもフレッシュな気持ちで、目の前のことを楽しめる人」になるために実践していただきたいのが、**日常生活に「小さな変化」を取**

り入れるというアプローチです。

日常を単なるルーティンの連続にするのではなく、アクセントを入れることで新鮮な気持ちを呼び覚ます――そんな休息法をご紹介していきます。

私たち人間は、毎日、毎回、同じ繰り返し行動を取ることによって心を落ち着けることができるという性質を有しています。ラグビー元日本代表の五郎丸歩選手が取り入れたことで注目された、いわゆる「ルーティン」という一連の行動パターンです。

しかしながら、これは集中を必要とする場面や、「ここぞ」というときに力を発揮するものであり、もし生活のすべてが常同的な行為、つまりルーティンばかりになってしまったとしたら、事情はだいぶ変わってきます。

まる一日すべての行動がルーティンになってしまったら、それはルーティンではなく「マンネリ」ということになります。

マンネリは、自律神経の揺らぎを限りなくゼロに近い状態にしてしまい、好奇心やワクワク、生き生きとした感情を生み出さなくなります。そしてそれが長期間続くことで、場合によっては何を見ても興味を感じない、うつ状態をつくり出してしまうことすらあり得ます。

もしもあなたが、マンネリの毎日を送っているという実感があるのなら、今すぐにでも「少しだけいつもと違う行動」を選択してみるチャンスだとお考えください。

具体的なやり方

たとえば、いつもと違う服選びをしてみることがあります。

やり方は簡単で、**いつもとはちょっと違ったコーディネートをしてみる**というだけです。ネクタイやスカーフの色を少し遊んでみるのでもいいですし、上半身と下半身の色の取り合わせを工夫してみるのもいいでしょう。

あるいは、普段は快速や急行列車に乗っているとしたら、たまには各駅停車に乗って、ゆっくりと窓の外の風景を眺めてみる。

いつもの駅の1つ手前で降りて、そこから一駅分歩いてみる。
いつもと違うレストランやカフェに行ってみる。
普段は聴かない音楽を聴く。

例を挙げればきりがありません。そうやって「いつもと違う行動」をしていると、自然にあなたの好奇心が刺激され、「今度はこういうことをやってみようかな」という気持ちになってきます。

その時点でかなり脳疲労はなくなっていますし、「いろんなことをやっている自分」「小さな変化を楽しんでいる自分」を感じることは自己肯定感のアップにもつながります。

ＡＩを裏切ってみよう！

最近は、ネット検索をする場合でも、買い物をする場合でも、優れたテクノロジーが「自分が欲しい情報」「自分が興味を持ちそうな商品」を勝手に提示してくれます。ＡＩが、あなたの興味・関心を先回りして教えてくれるのです。

もちろん、それはそれで便利な機能なのですが、**それだけ「自分の興味の外側」「新しい領域」へアクセスするのが難しくなっている**ということでもあります。

インターネットはたしかに世界とつながっていますが、自分が実質的につながれるのは「興味のある狭い範囲」だけ——そんな社会で私たちは生きているのです。

だからこそ、時にはそんなＡＩを裏切るつもりで、ネットショッピングをするときは今まで買ったことのないジャンルのものを見るのもいいですし、リアルの世界でも、書店へ行ったら、今まで手に取ったこともないような理工書や児童書なども見ていただきたいのです。

わずかなことでもいいですから、「自分の興味の外側」に意識的にアクセスする――「好奇心を呼び覚ます」という意味でも効果的ですし、「狭くなってしまっている自分の世界を広げる」という意味でも、非常におすすめのアプローチです。

38

公園でいろんなベンチに座ってみる

公園に行って、あえていろんなベンチに座り、そこから見える風景の違い、陽の当たり具合、風の感じ方などをていねいに観察し、それを心の中で言葉にしてみる――そんな休息法です。

具体的なやり方

少し広めの公園へ行くと、公園内には歩道に面したベンチ、広場に向かって設置されているベンチ、小高い丘の上にあるベンチ、海が見えるベンチなど、さまざまなべンチがあります。

普段、公園へ行くことはあっても、意図的にいろんなベンチに座ってみるというのはなかなかやらないと思います。

そこを、あえてやってみる。そして、風景や感じ方の違いをていねいに味わってみてください。同じ公園でも、その表情はさまざまですし、自然の景色を楽しめるベンチもあれば、公園で憩う人たちをじっくり観察できるベンチもあります。

人の心はすぐに固着してしまう

脳疲労、特に心が疲弊してしまっているときは、どうしても物事を固着してとらえてしまうものです。

「人から注意された」という事実ひとつとっても、心が元気なときなら「注意してもらえてよかった」「ひとつ成長できた」と思えるのに、心が疲れているときは「どうして、あんな言い方をするんだろう……」「どうせ自分はダメなんだ……」「あの人は私のことが嫌いなんだ……」とネガティブにとらえてしまいがちになります。

そんなとらえ方に固着してしまうのです。

しかし、それは決して真実なのではなく、自分自身の「とらえ方」に過ぎません。もっと違ったとらえ方ができれば、それだけ心は軽くなるかもしれません。

そんなきっかけにしてほしいのが、「公園でいろんなベンチに座ってみる」という休息法です。**同じ公園（同じ目の前の現実）でも、いろんなベンチに座ることで、「いろんな見え方がある」ということを体感していただきたい**のです。

「考え方が固着してしまって、柔軟さがなくなっている……」と感じたら、公園に出かけてみてください。

そして、いろんなベンチに座るのはもちろん、時には芝生に座ってみたり、寝っ転がってみたりして、いろんな視点、いろんな見え方を楽しんでください。

視点が変わるだけで、世界はまるで違って見えてくるものです。

39

「つり革瞑想」で、心の自由を体感する

具体的なやり方

ここでは、電車に乗りながらできる「つり革瞑想」をご紹介します。

電車の中でつり革をつかんだ状態で、車内のさまざまな様子を観察します。車内にはいろんな広告、ポスターがありますし、天井の形や色、照明の具合、座席などたくさんの要素があるので、**まずはそれらをしっかり観察し、記憶します。**

そのあと、**目を閉じて、いま観察したことを頭の中でできるだけ忠実に再現し**

ます。

いま、頭の中には「あなたがいる車内の様子」が浮かび上がっているわけです。

それができたら、**今度はイメージを自由に飛ばします。**

たとえば、電車の天井を突き抜けて空へ飛びだしてもいいですし、南の島へいきなり行って、海辺で寝転がってもいいでしょう。あるいは、高い山に登り、気持ちのいい風を受けながら、眼下に広がるすばらしい景色を眺めているのもいいかもしれません。

とにかく自由に、気ままにイメージを膨らませてください。

そんなふうに自由にイメージを膨らませたら、今度はまた車内のイメージに戻ってきます。**少し前に見た「車内の風景」を、再び頭の中で再現してください。**

そこまで終わったらゆっくりと目を開けて、実際の車内をあらためて観察してみてください。

トータル時間はだいたい3〜4分程度。ちょうど電車一駅分だと思ってください。

これが「つり革瞑想」です。

「つり革瞑想」のやり方

1　つり革をつかみながら、車内の様子を観察する

2　目を閉じて、いま見た光景を頭の中に再現する

3　今度は、イメージを自由に飛ばす

4　再度、車内の風景を頭の中で再現する

5　ゆっくり目を開けて、車内の様子をあらためて観察する

心とは本来、自由であり、勝手気ままなもの

「つり革瞑想」を終えて目を開けたとき、実際の車内の様子を眺めてみると、頭の中でイメージしていた場面と、いろんな部分で違いが生じていると思います。

忠実に再現できている部分もある一方で、「あれ、天井ってこんな形だったっけ？」「広告の内容って、これだったっけ？」と感じることがあるはずです。

それはつまり、**現実をていねいに観察したはずでも、実は心の中で勝手にイメージをつくり上げ、実際とは違う世界を構築してしまっていた**ということです。

心とは本来、それくらい自由で、勝手気ままなものなのです。

この瞑想で感じ取っていただきたいのは、まさにその部分です。

みなさんは、日々いろんな現実に向き合っていて、もしかしたらつらいこと、苦しいことも多いかもしれません。

でも、それらはあなたの心が勝手につくり出したイメージかもしれないのです。

逆に言えば、**あなたの心は、もっと自由に、もっと気ままに現実のイメージを変えてしまう力を持っている**のです。

そんな「心の自由さ」を感じるきっかけとしておすすめなのが、この「つり革瞑想」です。

毎日のように電車に乗る方は多いでしょうし、わずか一駅でできる休息法なので、ぜひみなさんも試してみてください。

40

美術館に行って、心が赴くままに味わう

具体的なやり方

要は、「美術館に行って、作品を鑑賞する」という休息法なのですが、1つだけ意識していただきたいことがあります。**「解説を読まない」**です。

芸術鑑賞としては、画家の情報、作品が制作された背景を知るのにも大きな意味があるのですが、ここで**大切にしたいのは「心が赴くままに味わう」ということ**です。

何の予備知識も先入観もない状態で、「この色が素敵だな」「不思議な表情をしてい

る」「とても気持ちがよさそうな場所だ」「変わった服を着ているな」など、何でもいいので自分が感じるままにその作品を堪能してみてください。

「言葉から離れる」練習をする

この休息法には、「目の前の作品に意識を集中して楽しむ」というシングルタスク、そしてマインドフルネスの要素ももちろん含まれます。頭を空っぽにして、ただ純粋に作品の世界に浸っていただきたいと思います。

その際に、大事にしたいのが**「言葉から離れる」という感覚**です。

私たちの日常は、どうしても言葉の情報にあふれていますから、脳はつねに「文字情報」「言葉の情報」を処理する準備を強いられています。

みなさんは、こんなゲームをご存じでしょうか。

「赤い色で『黒』」「黄色で『赤』」「青色で『緑』」などと書かれた、「文字情報」と「使われている色」が異なる組み合わせのカードが何枚もあって、次々に提示されるカードを見て、「色」（文字そのものではなく、使われている色）を答えるというゲームです。

たとえば、「赤い色で『黒』」と書かれているカードだったら「赤」

「黄色で『赤』」と書かれているカードだったら「黄色」

と答えなければなりません。

このゲームをやってみるとわかるのですが、「使われている色」を答えるのはけっこう難しいのです。「赤い色で『黒』」と書かれていると、人間の脳は「文字情報」を優先して処理してしまうので、つい「黒！」と答えたくなってしまうのです。

それくらい私たちの脳というのは、「言葉の情報を処理する」ことに慣れています。

だからこそ、**「言葉から離れる」ことがとても効果的な脳の休息になる**のです。

せっかく美術館に行ったのなら、解説プレートを読むことなく（イヤホンで解説を聞くこともせず）、ただ純粋に作品の世界を堪能する。

美術に限らなくても、クラシック音楽を何の予備知識もなしで、目を閉じて、ただその「音色」を楽しむというのでもいいでしょう。

10分でも15分でもいいので、「言葉から離れる時間」を体験すると、脳がリフレッシュしていく感覚を体感できます。

41

自分なりの「リトリートスポット」を見つける

具体的なやり方

自分の気持ちが落ち着いたり、神秘的なエネルギーを感じたりできる場所、いわゆる「パワースポット」のようなところへ行って、瞑想をしたり、ヨガをするなどして心の修養に役立つことをやる。そんな体験が**「リトリート」**です。

バカンスで南の島へ行って、浜辺でトロピカルドリンクを飲むというのとは、目的もイメージも違います。

とはいえ、あまり難しいものではなく、ここまでご紹介してきたような**さまざまな休息法を、日常とは違う場所へ行って、場の力を借りながら、新鮮な気持ちでやってみる**——最後にご紹介するのは、そんな休息法です。

人々の祈りが宿っている場所へ行ってみる

リトリートスポットについては、「こういう場所でなければいけない」という決まりはありません。

あなた自身にとって、エネルギーを感じられたり、心が浄化され、リフレッシュできそうな気を感じるなら、そこは「あなただけのリトリートスポット」です。

あなたなりのリトリートスポットを見つけて、年に一度でも二度でも訪れることができれば、とてもいいリフレッシュの習慣になります。

ちなみに、私は**香川県の小豆島や長野県の飯綱高原**など、いくつかのリトリート

小豆島でのリトリートの様子

スポットを持っています。

たとえば小豆島なら、年に2回は訪れてリトリートを行っています。

四国のお遍路（八十八か所巡り）はとても有名ですが、実は小豆島にも八十八か所があります。古くは、空海が「いい気が流れている場所」として多くの寺を開いて歩いたという伝説も残っています。

個人的には、小豆島は特におすすめのリトリートスポットです。

リトリートスポットを選ぶ際、あえてポイントを挙げるとすれば、**「自然があふれている」**ということと、**「人々の祈りが宿っている場所」**がいいでしょう。

古くから人々が祈りを捧げてきた場所というのは、それだけ気の流れがよく、神秘的なパワーを持っているものです。

日本なら、お寺や神社、山岳信仰の対象となっている山々などがリトリートスポットに適しています。また、古くからある教会もいいと思います。

僧侶の私が言うのは変かもしれませんが、実は私は教会も大好きで、美しいステンドグラスを見るととても荘厳な気持ちになります。

神社やお寺、教会など、古くから人々がその場を選んで祈りを捧げてきたというからには、「場が持つパワー」のようなものが宿っていることを感じるのです。

伊勢神宮、熊野神社、出雲大社はもちろんおすすめできるスポットですし、もっと近場でも、それぞれの地域で調べてみれば、リトリートに適した神社はたくさんあるものです。

自分なりのリトリートスポットを見つけるにあたり、「どこへ行けばいいのかわからない」という方は、ネットで神社や自然のきれいなところを調べてみて、自分の感性の赴くままに訪れてみるのもいいでしょう。

その行為自体がとてもいい休息になりますし、そのうちに必ずや、あなたにとってかけがえのない場所が見つかるはずです。

Prakhinkit. S；Suppapitiporn. S et al．2014．Effects of Buddhism walking meditation on depression, functional fitness, and endothelium-dependent vasodilation in depressed elderly．*J Altern Complement Med*　20(5)：411-6.
「歩く瞑想」は通常のウォーキングに比べ、ＬＤＬコレステロール（悪玉コレステロール）、インターロイキン６（リウマチ性疾患を悪化させる因子）を低下させることを示した。

❖226ページ［出典論文］

・Alejandra Sel；Beatriz Calvo-Merino；Simone Tuettenberg；Bettina Forster. 2015. When you smile, the world smiles at you: ERP evidence for self-expression effects on face processing．*Social Cognitive and Affective Neuroscience* 10(10)：1316-1322. https://academic.oup.com/scan/article/10/10/1316/1646200

・Hugo D. Critchley；Yoko Nagai．2012．How Emotions Are Shaped by Bodily States. *Emotion Review* 4：163
https://www.sussex.ac.uk/webteam/gateway/file.php?name=how-emotions-are-shaped-by-bodily-states.pdf&site=42

※「参考資料・文献一覧」は287ページからご覧ください。

を介して心臓に反応が起こる「眼球心臓反射」、またの名を「アシュネル反射(Aschner reflex)」と呼ばれる現象が医学的に知られています。
これは、眼球を圧迫することで副交感神経が過剰に刺激されたため心拍数が落ちるという現象です。やさしく、適度に目を圧迫したり、マッサージしたりしてあげることで、副交感神経を高めてリラックス状態に導き、良い休息、良い睡眠が得られやすくなります。

❖ 165 ページ［出典］
石田裕久；渡邉由季子．2010．「自己開示における直接的・間接的コミュニケーションのあり方と友人関係」『人間関係研究』9：67-84．
https://ci.nii.ac.jp/els/contents110008721664.pdf?id=ART0009796431

❖ 206 ページ［参考文献］A
ジョン J．レイティ；エリック・ヘイガーマン．2009『脳を鍛えるには運動しかない！最新科学でわかった脳細胞の増やし方』野中香方子（訳）．東京：NHK 出版．
この本まる１冊、BDNF について非常に詳細に書かれていますのでご参照ください。

❖ 206 ページ［参考文献］B
多数の研究から、「歩く瞑想」の効果が証明されています。
https://www.ncbi.nlm.nih.gov/pubmed/23983786
M. Teut；E. J. Roesner et al．2013．Mindful Walking in Psychologically Distressed Individuals: A Randomized Controlled Trial．*Evidence-Based Complementary and Alternative Medicine* 2013，Article ID 489856：7．
「歩く瞑想」は通常のウォーキングに比べ、ストレスレベルが低減されることを示した。
https://www.ncbi.nlm.nih.gov/pubmed/27261988
Gainey. A；Himathongkam. T et al．2016．Effects of Buddhist walking meditation on glycemic control and vascular function in patients with type 2 diabetes．*Complement Ther Med*　2016 Jun (26)：92-7．
「歩く瞑想」は通常のウォーキングに比べ、糖尿病患者の血糖値、血圧、血中コルチゾールのいずれもが低下することを示した。
https://www.ncbi.nlm.nih.gov/pubmed/24372522

参考資料・文献一覧

❖ 123 ページ［参考資料］
京都工芸繊維大学の論文「光環境と睡眠」がとても分かりやすくおすすめです。光の色調、波長、照度の強さと睡眠の関係を、活動時と睡眠時にまで分けて詳細に論じており、他に類を見ない良資料です。
http://www.kinki-shasej.org/upload/pdf/hikari.pdf

❖ 126 ページ［参考資料］
厚労省の平成 27 年度「国民健康・栄養調査」の結果概要をご参照ください。こちらの 28 ページ目に、男女別の成人年齢別睡眠時間が掲載されています。総成人人口で見ると、6 時間未満の人は、男性 37.4%、女性 41.2%となっています。なお、この調査自体は平成 28 年度のものが最新ですが、こちらには睡眠時間の統計がありませんので、現時点で最新の睡眠時間に関するデータは 27 年度のものとなります。
https://www.mhlw.go.jp/file/04-Houdouhappyou-10904750-Kenkoukyoku-Gantaisakukenkouzoushinka/kekkagaiyou.pdf

❖ 128 ページ［出典］
・治療学 30 (2) 179 - 182，1996，閉塞性睡眠時無呼吸症候群の有病率と性差、年齢差
・Tanigawa T, Tachibana N, Yamagishi K, Muraki I, Kudo M, Ohira T, Kitamura A, Sato S, Shimamoto T, Iso H. Relationship between sleep-disordered breathing and blood pressure levels in community-based samples of Japanese men. Hypertens Res 2004;27:479-484
・Cui R, Tanigawa T, Sakurai S, Yamagishi K, Imano H, Ohira T, Kitamura A, Sato S, Shimamoto T, Iso H. Associations of sleep-disordered breathing with excessive daytime sleepiness and blood pressure in Japanese women. Hypertens Res 2008;31:501-506

❖ 153 ページ［参考情報］
眼球圧迫刺激により三叉神経第１枝を介して延髄の副交感神経が刺激され、迷走神経

「精神科医の禅僧」が教える
心と身体の正しい休め方

発行日　2018年　9月30日　第1刷

Author　川野泰周

Illustrator　二階堂ちはる
Book Designer　杉山健太郎

Publication　株式会社ディスカヴァー・トゥエンティワン
〒102-0093 東京都千代田区平河町2-16-1 平河町森タワー11F
TEL　03-3237-8321（代表）
FAX　03-3237-8323
http://www.d21.co.jp

Publisher　干場弓子
Editor　三谷祐一（編集協力：イイダテツヤ）

Marketing Group
Staff　小田孝文　井筒浩　千葉潤子　飯田智樹　佐藤昌幸　谷口奈緒美　古矢薫　蛯原昇
安永智洋　鍋田匠伴　榊原僚　佐竹祐哉　廣内悠理　梅本翔太　田中姫菜　橋本莉奈
川島理　庄司知世　谷中卓　小木曽礼丈　越野志絵良　佐々木玲奈　高橋雛乃

Productive Group
Staff　藤田浩芳　千葉正幸　原典宏　林秀樹　大山聡子　大竹朝子
堀部直人　林拓馬　塔下太朗　松石悠　木下智尋　渡辺基志

Digital Group
Staff　清水達也　松原史与志　中澤泰宏　西川なつか　伊東佑真
牧野類　倉田華　伊藤光太郎　高良彰子　佐藤淳基

Global & Public Relations Group
Staff　郭迪　田中亜紀　杉田彰子　奥田千晶　李瑋玲　連苑如

Operations & Accounting Group
Staff　山中麻吏　小関勝則　小田木もも　池田望　福永友紀

Assistant Staff
俵敬子　町田加奈子　丸山香織　井澤徳子　藤井多穂子　藤井かおり　葛目美枝子　伊藤香
鈴木洋子　石橋佐知子　伊藤由美　畑野衣見　井上竜之介　斎藤悠人　平井聡一郎　宮崎陽子

Proofreader　株式会社鷗来堂
DTP　朝日メディアインターナショナル株式会社
Printing　シナノ印刷株式会社

ISBN978-4-7993-2358-8